# 原理号日记

## 指导用书

**著者: [英]露西·霍金**

**译者: 谭莫衡**

CTS K 湖南科学技术出版社·长沙

First published 2020
by Curved House Kids Ltd
61 Bridge Street
Kington, HR5 3DJ
United Kingdom
www.thecurvedhouse.com
info@thecurvedhouse.com

Written by Lucy Hawking with Kristen Harrison, Lucie Stevens and a team
of primary educators: Paul Cameron, Hannah Chivers, Laura Cowan,
Ceri DeRoy-Jones, Liz Grant, Claire Loizos, Heather MacRae, Sean
Monaghan and Nicola Sivier
Illustrated by Ben Hawkes
Designed by Alice Connew
Typeset by Constantin Nimegean
Editorial Management by Lucie Stevens
Maze by Jan Boström/JGB Services

Acknowledgements
The Principia Space Diary was developed with support from the UK Space
Agency and European Space Agency astronaut, Tim Peake. Special thanks
to Susan Buckle, Lorraine Conroy, Jeremy Curtis, Libby Jackson, Professor
Peter McOwan (Queen Mary University London) and to all the inspiring
STEM experts featured in this book.

A CIP record for this book is available from the British Library.
ISBN 978-1-913269-13-5

discoverydiaries.org

WITH SPECIAL THANKS TO

# 编辑前言

　　《太空日记》系列是英国著名作家露西·霍金为 7 至 11 岁的学生创作的一套趣味科学课程。

　　因本系列丛书引进自英国，原版的网址链接等信息资源我们已下载，以便中国读者查阅和使用（详见本书结尾处的二维码）。即便如此，仍有极少数原版英国网站中的内容我们无法顺利获取或未确权，该部分内容读者可访问书中网址链接自行下载和浏览。

　　为尊重原著和保护读者查找信息的权利，本书中所有英国网站均作了保留，正文中不再逐一说明，请大家以原文中的网址链接和本书二维码中的数字内容为准。

　　衷心感谢读者朋友们的理解，希望读者们如愿开启太空之旅。

区分

方便检索

发射前：
招募宇航员

第一章：
和地球说再见

第二章：
太空交谈

第三章：
亲眼看太空

第四章：
太空科学

第五章：
勇往直前

第六章：
任务尾声

# 目录

# 简介

## 关于本课程

　　《原理号日记》是一门免费的小学 STEM（科学，技术，工程，数学）课程，广泛结合了 STEM 课程与其他学科的内容。通过可视化、创造性和个性化的教学方式为非专业教师和学生赋能，对学生兴趣或能力基础没有特殊要求。本书是《太空日记》系列丛书的第一册，课程包括 23 项以詹姆斯·韦伯（James Webb）太空望远镜为主题的教学活动。本书配有全面的教学笔记、课程计划、教学时间安排表、量身定制的课程指南、差异化教学思路以及数字和网络资源，确保教学的灵活高效。

　　《原理号日记》专门为小学四至六年级学生设计，由各行各业的 STEM 专家共同创作，主要作者是奥利维亚·约翰逊博士（Dr Olivia Johnson），本书还了获得了科学和技术设施理事会（STFC）和欧洲航天局（ESA）宇航员提姆·匹克（Tim Peake）的大力支持。

　　围绕"建造世界上最强大的望远镜并观察宇宙"的主题，在培养孩子科学能力的同时，书中每项活动都将 STEM 主题与其他学科（如英语、艺术／设计或历史等）结合在一起。这种跨学科的学习方法让那些对该领域缺乏信心的孩子更容易接受，也为教师甄选教学资料提供了一定的灵活性。

**60 余小时的 STEM 活动安排，教学笔记全面覆盖**

## 如何使用本书

　　揭开宇宙秘密所需的一切知识都在这本书里。本书共分六章，将带您的学生使用詹姆斯·韦伯太空望远镜探索太空。学生将学习天文学的历史，探索我们的太阳系，了解光线、光谱和红外线，甚至设计自己的望远镜。每项活动都设计成灵活且独立的单元，所以您既可以按顺序教学，也可以任意挑选那些适合您现有教学计划的内容。

　　您将会发现《原理号日记》中每章的每项教学活动都附有可随时打印的教学笔记，提供了背景知识、教学建议、课堂提问、拓展活动和教学小贴士等内容。书中还为您提供了课程所需的资料清单，以及可以获得更多资源的有效链接。

　　我们深知教育工作者的忙碌，所以我们开发了一些资源来简化您的备课工作。比如在教师工具包中，您会发现几份教学时间安排表，分别适用于一个星期、半学期或者一个学期的教学安排。当然您还可以找到一些空白的课程计划表，以及巩固学生所学内容的反馈表。

**可为学生提供差异化的支持和挑战**

**每套教学笔记都配有相应拓展活动**

"与其他的 STEM 资源相比，我给本书非常高的评价。书中内容安排合理，插图十分有趣。学生还可以把他们的照片贴在首页，来制作他们自己的专属版本。"

——道恩·麦克福尔，小学教师

### 引导并激励学生

《原理号日记》是深受学生欢迎的个性化工作簿，它能鼓励学生主动、持续地参与课程，并给学生（和老师）保留一份珍贵的记录。本课程备有任务徽章，您可以在每一章节完成后奖励给学生。

新颖原创的众多视频，包括提姆·匹克本人出镜

### 量身定制的课程指南

针对英格兰、北爱尔兰、苏格兰和威尔士的情况，我们为在英国的教育工作者准备了个性化版本的课程指南，将每个教学活动与当地的课程衔接起来。该指南还包含差异化的教学思路，给需要的孩子提供帮助，给有余力的孩子提供提升空间。

### 我们的课程行之有效

增强学习效果的数字内容

《太空日记》系列图书项目融合了可视化、多模式、跨学科的学习方法，确保每一个学生都能找到一个进入复杂 STEM 主题的入口。课程鼓励学生去想象、提问、研究、展示、分析和解决问题，并像科学家一样去思考。这种独特的、全面的方法确保每个孩子都能充分地参与进来，并相互协作。个性化的日记系列以及任务徽章，对学生的努力付出给予肯定，并鼓励他们更深入、持续地参与 STEM 课程。

《太空日记》系列图书项目是在英国航天局的大力支持下，基于以欧洲航天局宇航员提姆·匹克为主角的《原理号太空日记》的诞生过程开发建立的。在对提姆·匹克主题教育推广任务的评估中，英国航天局特别将《太空日记》列为三个最优秀的教育项目之一。

不间断支持的定期时事通讯

# 教师工具包

教师工具包包含一系列帮助你规划、组织和评估《原理号太空日记》课程的资料。按照书中推荐的教学时间安排表，可以组织一个星期、半个学期或者整个学期的课程。参考书中的课程指南，可以了解每一项教学活动如何衔接您所在地区的课程。空白课程计划模板，可以用来为每节课做准备，而书中大量的反馈表可以协助您评估学生的理解程度。

您可以在本书中找到教学时间安排表和空白模板。登录 discoverydiaries.org 网站还可获取其他资源，包括任务徽章和完成证书，以认证学生在整个课程中取得的进步。

## 本章内容

课程概况

教学时间安排表

使用指南

课程计划模板

学生反馈表

专家面对面

# 课程关联快速指南

| 课程编号 | 活动内容 | 时长 | 小学科学/科学方法 | 数学/计算能力 | 英语/读写能力 | 计算机 | 设计与技术 | 地理 | 历史 | 艺术与设计 | 精神、道德、社会和文化 |
|---|---|---|---|---|---|---|---|---|---|---|---|
| 活动 0.1 | 宇航员体能训练 | 60分钟 | ✓ | ✓ | | | | | | | ✓ |
| 活动 0.2 | 人体在太空中 | 30分钟 | ✓ | | ✓ | | | | | | ✓ |
| 活动 0.3 | 太空盛宴 | 60分钟 | ✓ | | | | | | | ✓ | |
| 活动 0.4 | 设计太空服 | 60～90分钟 | ✓ | | | | ✓ | | | | ✓ |
| 活动 1.1 | 发射时间到 | 60分钟 | ✓ | ✓ | | | | | | | |
| 活动 1.2 | 8分钟抵达太空 | 60分钟 | ✓ | | ✓ | | | | | | ✓ |
| 活动 1.3 | 快速交会 | 45分钟 | ✓ | ✓ | | | | | | | |
| 活动 2.1 | 相聚外太空 | 45分钟 | ✓ | | ✓ | | | | | | ✓ |
| 活动 2.2 | 爆炸性新闻 | 60～90分钟 | ✓ | | | ✓ | | | | | |
| 活动 2.3 | 地球呼叫原理号 | 30～60分钟 | ✓ | | ✓ | | | | | | |
| 活动 3.1 | 你的新家 | 60～90分钟 | ✓ | | | | ✓ | | | | |
| 活动 3.2 | 绘制你的空间站 | 30分钟 | ✓ | ✓ | ✓ | | ✓ | | | | |
| 活动 3.3 | 从太空凝望地球 | 60分钟 | ✓ | | ✓ | | | | | | |
| 活动 3.4 | 太阳系 | 60分钟 | ✓ | | | | | | | ✓ | |
| 活动 4.1 | 太空种植 | 45分钟 | ✓ | | | | | | | ✓ | |
| 活动 4.2 | 在太空中溅起水滴 | 45分钟 | ✓ | | | | | | | ✓ | |
| 活动 4.3 | 设计你的实验 | 90分钟 | ✓ | ✓ | ✓ | | ✓ | | | ✓ | |
| 活动 5.1 | 书写历史 | 60分钟 | | | ✓ | | | | ✓ | | |
| 活动 5.2 | 太空定居点 | 60分钟 | ✓ | | | | ✓ | | | ✓ | |
| 活动 5.3 | 太空机器人 | 60分钟 | ✓ | | | ✓ | | | | | |
| 活动 6.1 | 重返地球 | 30分钟 | ✓ | | | | | ✓ | | | |
| 活动 6.2 | 回家之旅 | 60分钟 | ✓ | | | | | | | ✓ | |
| 活动 6.3 | 寄往太空的明信片 | 60分钟 | ✓ | | ✓ | | | | | | |

# 教学时间安排表：太空主题周

一个沉浸式、跨学科的太空主题周

| | 星期一 为太空做准备 | 星期二 奔向太空 | 星期三 在太空中生活 | 星期四 太空科学 | 星期五 返回地球 |
|---|---|---|---|---|---|
| 早晨 | 介绍 (15 分钟)<br><br>活动 0.1<br>宇航员体能训练 (60 分钟) | 活动 1.1<br>发射时间到 (60 分钟)<br><br>活动 1.2<br>8分钟抵达太空——捕获 (30 分钟) | 活动<br>爆炸性新闻 (60~90 分钟) 2.2 | 活动 4.1<br>太空种植 (45 分钟)<br><br>活动 4.2<br>在太空中溅起水滴 (45 分钟) | 活动 5.3<br>太空机器人 (60 分钟)<br><br>活动 6.1<br>重返地球 (30 分钟) |
| 课间休息 | | | | | |
| 上午 | 活动 0.2<br>人体在太空中 (30 分钟)<br><br>活动 0.3<br>太空盛宴 (60 分钟)<br>反馈、问答环节 | 活动 1.2 继续<br>8分钟抵达太空——写作和呈现 (60 分钟)<br><br>活动 1.3<br>快速交会 (45 分钟) | 活动 3.1<br>你的新家<br>(60~90 分钟) | 活动 4.3<br>设计你的实验<br>(90 分钟) | 活动 6.2<br>回家之旅 (90 分钟) |
| 午餐 | | | | | |
| 下午 | 活动 0.4<br>设计宇航服 (60~90 分钟) | 活动 2.1<br>相聚外太空 (45 分钟)<br><br>活动 2.3<br>地球呼叫原理号<br>(30~60 分钟) | 活动 3.3<br>在太空中凝望地球 (60 分钟)<br><br>活动 3.4<br>太阳系 (60 分钟) | 活动 5.1<br>书写历史 (60 分钟)<br><br>活动 5.2<br>太空定居点 (60 分钟) | 活动 6.3<br>寄往太空的明信片 (60 分钟)<br><br>任务汇报——<br>分享、反馈、问答环节 |
| 家庭作业（可选） | 灵感源自太空的艺术创作<br>灵感源自太空的创意写作 | | 拓展活动 3.4<br>创作一个关于行星或者太阳系的模型或海报 | | |

# 太空日记

## 教学时间安排表：一学期

整学期每周安排 60 分钟科学课

| | 活动建议 | 课程关联 | 家庭作业（可选） |
|---|---|---|---|
| 第一周 | 介绍太空日记 (15 分钟)<br>**活动 0.1：宇航员体能训练 (60 分钟)** | 数学；体育；道德、社会和文化； | 创作一个关于太空中可食用食物类型的海报或者非时序性报告 |
| 第二周 | 活动 0.2：人体在太空中 (30 分钟)<br>活动 0.3：太空盛宴 (60 分钟) | 数学；英语；设计与技术；道德、社会和文化； | 研究舱外宇航服和相关材料 |
| 第三周 | 活动 0.4：设计宇航服 (60 ~ 90 分钟) | 数学；英语；设计与技术； | |
| 第四周 | 活动 1.1：发射时间到 (60 分钟) | 数学；英语；道德、社会和文化 | **活动 1.2：8 分钟抵达太空** |
| 第五周 | 活动 1.3：快速交会 (45 分钟)<br>活动 2.1：相聚外太空 (45 分钟) | 数学；英语；地理；计算机；外语；道德；社会和文化 | |
| 第六周 | 活动 2.2：爆炸性新闻 (60 ~ 90 分钟)<br>活动 2.3：地球呼叫原理号 (30 ~ 60 分钟) | 英语；数学；计算机；历史 | |
| 第七周 | 活动 3.1：你的新家 (60 ~ 90 分钟) | 数学；英语；艺术；设计与技术；道德、社会和文化 | 访问地球观察侦探网站（EO Detective website）并为你所选择的地方创建一份简介档案。 |
| 第八周 | 活动 3.3：在太空中凝望地球 (60 分钟) | 英语；数学；设计与技术；计算机 | |
| 第九周 | 活动 3.4：太阳系 (60 分钟) | 英语；地理；计算机 | |
| 第十周 | 活动 4.1：太空种植 (45 分钟)<br>活动 4.2：在太空中溅起水滴 (45 分钟) | 英语；数学；地理 | |
| 第十一周 | 活动 4.3：设计你的实验 (90 分钟) | 英语；数学； | |
| 第十二周 | 活动 5.1：书写历史 (60 分钟)<br>活动 5.2：太空定居点 (60 分钟) | 英语；数学；计算机；历史；艺术；设计与技术 | 创作一幅灵感源自外太空的混搭风格或像素风格的艺术作品 |
| 第十三周 | 活动 5.3：太空机器人 (60 分钟)<br>活动 6.1：重返地球 (30 分钟) | 英语；数学；计算机；设计与技术；地理；道德、社会和文化 | 基于你的太空生活时光进行创意写作 |
| 第十四周 | 活动 6.2：回家之旅 (90 分钟) | 数学；地理；道德、社会和文化 | 《太空日记》专题汇报：可包含日记、写给宇航员的信、创意写作、制作模型、模拟测验等形式，或是对该课程提出的课题进行研究，并在接下来的星期里进行展示，也可以作为家长会的一部分。 |
| 第十五周 | 活动 6.3：寄往太空的明信片 (60 分钟)<br>·任务汇报 - 分享，反馈，问答环节 | 英语；计算机；历史 | |

# 教学时间安排表：半学期

半个学期每周安排 90～120 分钟科学课

| 周 | 活动建议 | 课程关联 | 家庭作业（可选） |
|---|---|---|---|
| 第一周 | 介绍 (15 分钟)<br>活动 0.1: 宇航员体能训练 (60 分钟)<br>活动 0.2: 人体在太空中 (30 分钟) | 英语；数学；体育；设计与技术；道德、社会和文化； | 研究太空食品——创作一个关于太空中可食用食物类型的海报或者非时序性报告 |
| 第二周 | 活动 0.2: 人体在太空中 (60 分钟)<br>活动 0.3: 太空盛宴 (60～90 分钟) | 英语；数学；设计与技术；道德、社会和文化； | 研究火箭发射的时间表和规则。火箭发射前需要做好那些事情？需要进行哪些安全检查？ |
| 第三周 | 活动 1.1: 发射时间到！(60 分钟)<br>活动 1.2: 8分钟抵达太空 (60 分钟) | 数学；英语；道德、社会和文化 | 活动 1.3: 快速交会 (45 分钟) |
| 第四周 | 活动 2.1: 相聚外太空 (45 分钟)<br>活动 2.2: 爆炸性新闻！(60～90 分钟) | 数学；英语；地理；计算机；外语；道德、社会和文化； | 活动 2.3: 地球呼叫原理号 (30～60 分钟) |
| 第五周 | 活动 3.1: 你的新家 (60～90 分钟)<br>活动 3.4: 太阳系 (60 分钟) | 数学；英语；艺术；设计与技术；道德、社会和文化 |  |
| 第六周 | 活动 3.3: 在太空中凝望地球 (60 分钟)<br>活动 4.1: 太空种植 (45 分钟) | 英语；数学；设计与技术；计算机 | 活动 5.1: 书写历史 (60 分钟) |
| 第七周 | 活动 4.2: 在太空中溅起水滴 (45 分钟)<br>活动 4.3: 设计你的实验 (90分钟) | 数学；地理；英语 |  |
| 第八周 | 活动 5.2: 太空定居点 (60 分钟)<br>活动 5.3: 太空机器人 (60 分钟) | 英语；计算机；设计与技术；数学；社会和文化 | 基于你的太空生活进行创意写作 |
| 第九周 | 活动 6.2: 回家之旅 (90 分钟)<br>活动 6.3: 寄住在太空的明信片 (60 分钟)<br>任务汇报 - 分享，反馈，问答环节 | 数学；英语；地理；计算机；历史；道德、社会和文化 | 《太空日记》专题汇报：可包含创意写作、制作模型，并在接下来的星期里进行展示，也可以作为家长会的一个部分。或是对该课程提出的课题进行研究。 |

# 课程计划            日期：

| 课程目标： |
| 课程链接： |
| 缺席学生： |

| 引子 / 开场白： | 主要活动： |
|---|---|
| | |
| 学生反馈： | 差异化教学方案： |
| | |
| 跟进内容： | 下一步安排： |

# 反馈

用所学知识设计一张思维导图。
你能把学到的知识用图画或卡通的形式表达出来吗？

# 回顾

（一）写下你对所学习内容的体会：

（二）总结一下学到的内容，列一个清单吧：

1. _____

2. _____

3. _____

4. _____

5. _____

6. _____

7. _____

8. _____

9. _____

10. _____

（三）用学到的知识出一套测试题，考考你的朋友吧!

|  | 正确 | 错误 |
|---|---|---|
| 1. | ☐ | ☐ |
| 2. | ☐ | ☐ |
| 3. | ☐ | ☐ |
| 4. | ☐ | ☐ |
| 5. | ☐ | ☐ |
| 6. | ☐ | ☐ |
| 7. | ☐ | ☐ |

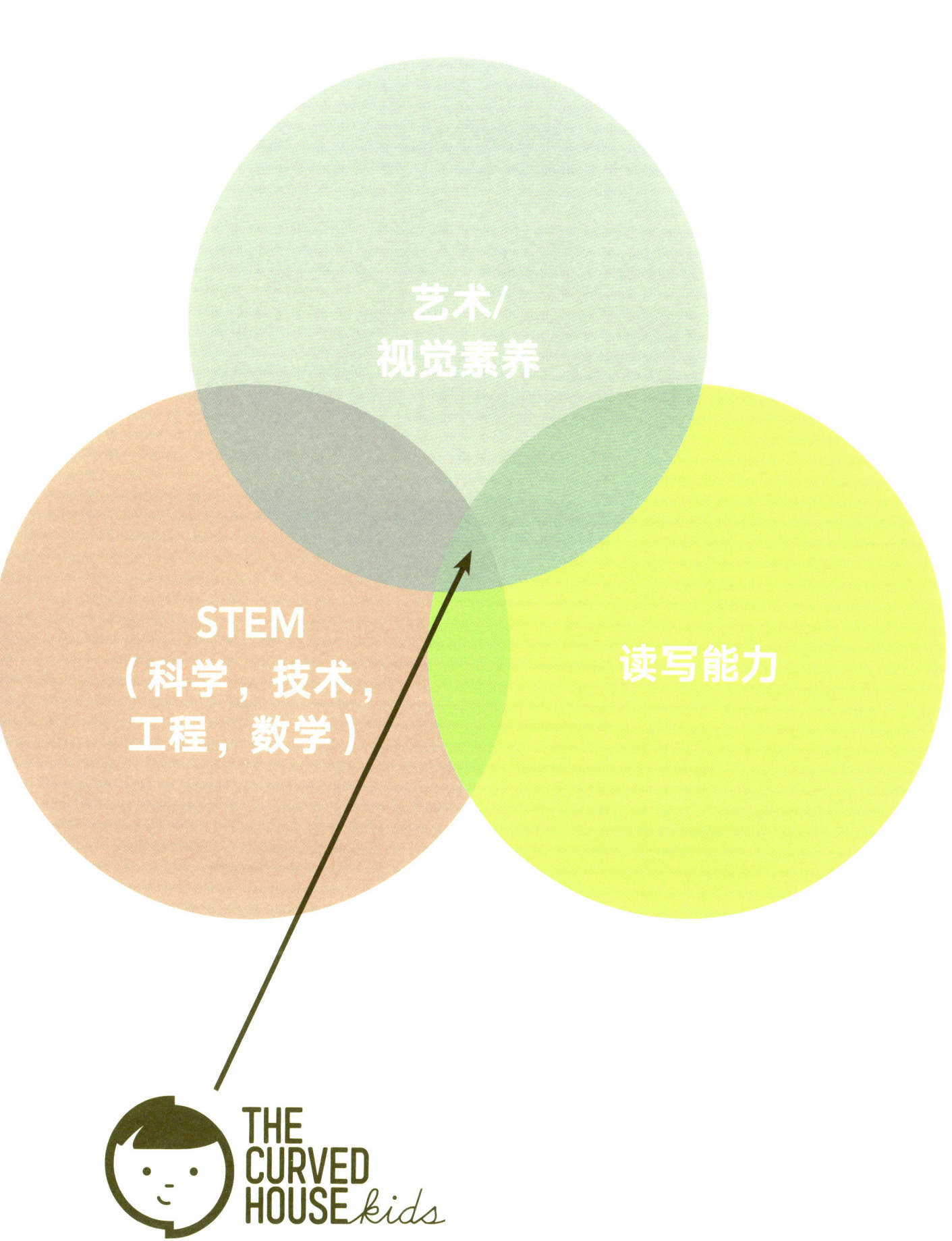

艺术/
视觉素养

STEM
（科学，技术，
工程，数学）

读写能力

THE
CURVED
HOUSE kids

# 专家面对面

做一名科学家可不仅仅是在实验室里做实验而已。《太空日记》向我们介绍了来自不同职业和背景的真正的 STEM 专家，给我们展示了通往太空领域的各种不同的职业道路。我们对那些在科学、工程、通信等交叉领域工作的专家的访谈，可以很好地激励学生。对女孩子尤其是小众弱势的学生来说，这是一个鼓励他们的好方法。

### 提姆·匹克（Tim Peake）——欧洲航天局宇航员 (22 页)

提姆是一名英国宇航员，2015—2016 年度，他参加了原理号航天任务并在国际空间站度过了 6 个月时间。在太空工作期间提姆完成了一次太空行走以及 250 多个科学实验。

### 马可·纳里奇（Marco Narici）——肌肉生理学家 (25 页)

马可研究人类的肌肉组织，他对肌肉在"不经常使用"的情况下产生的变化尤其感兴趣。了解肌肉如何运作，这对于在失重情况下工作的宇航员十分重要。

### 维妮塔·马瓦哈·马迪尔（Vinita Marwaha Madill）——太空操作工程师 (38 页)

维妮塔参与未来载人航天项目，如为国际空间站研发新的欧洲机械臂、设计宇航服。她还经营着一个名为"火箭女侠"（Rocket Women）的网站，专门为从事 STEM（科学、技术、数学、数学）工作的女性服务。

### 辛迪·福特（Cindy Forde）——科普专家 (56 页)

辛迪专门帮助学生理解他们在地球这个奇妙的星球上扮演的角色，以及他们如何为保护赖以生存的地球贡献力量。

### 贝蒂·梅辛格（Berti Meisinger）——欧洲航天局任务主管 (59 页)

贝蒂是提姆·匹克参加的原理号航天飞行任务的主管，是提姆在太空期间与地球联络时的主要联系人。提姆安全归来后，贝蒂要保证其他欧洲航天局的太空项目顺利进行。

### 利比·杰克逊（Libby Jackson）——英国航天局教育项目经理 (82 页)

利比帮助各个年龄段的孩子和"太空迷"了解令人兴奋的太空项目。她拥有物理学学士和航空航天工程硕士学位，这为利比在令人兴奋的太空领域的职业生涯奠定了基础。她甚至写了两本关于女性在太空的书。

### 彼得·麦克欧文（Peter McOwan）——计算机科学教授 (102 页)

彼得制造机器人，并开发了让它们完成各种任务的智能软件。他的机器人可以做任何事，从帮忙做家务甚至到打鼓！

### 理查德·克劳瑟（Peter McOwan）——英国航天局总工程师 (110 页)

如果你担心太空中那些呼啸而过的物体，找理查德就对了！他每天的工作就是跟踪小行星、太空垃圾、旧卫星或火箭等，以确保它们之间不会发生碰撞。

阅读和讨论露西·霍金的介绍，开启你前往国际空间站的任务之旅吧！

# 欢迎你，太空学徒！

2015 年 12 月 15 日，欧洲航天局的英国宇航员提姆·匹克跟随历史性的太空任务原理号进入太空。提姆在整个任务过程中都非常努力——他必须让身体保持健康、强壮，为国际空间站上的生活、实验，以及从太空研究地球做好准备。

现在提姆已平安返回地球，他需要帮助。他需要像你这样的太空学徒帮助他完成太空冒险经历的报告。你将追溯他从训练到返回地球的整个过程，记录这一伟大的航程。这是你的原理号太空日记，你要在上面记录自己的发现，我希望这将开启你的太空探险之旅！

**祝你好运！**
露西·霍金和航天组成员

你能设想一下在国际空间站的生活会是什么样的吗？宇航员都会在上面做什么呢？

# 发射前：
# 招募宇航员

生活在零重力环境下并不是一件容易的事情，去太空需要的是身心健全的宇航员。告诉您的学生，拥有强健的身体、健康的饮食以及各种类似宇航服的防护服的重要性，让学生为去往国际空间站的任务做好准备吧。

## 本章内容

# 宇航员 准备能训练!

这个充满活力的体能训练会让你为太空之旅做好准备！完成每一项训练并记录你的成绩。

你还知道什么运动项目能作为太空之旅的准备训练吗？创建你自己的体能训练项目并同你的朋友一起尝试下吧！

## 1. 跃向月球

你能够在 30 秒内跳跃多少下呢？

成绩：————

## 2. 飘浮

你需要习惯在太空中飘浮的状态。腹部着地趴在地上，像飞机一样伸展你的四肢。你能维持这一姿态 30 秒吗？

□ 可以　□ 不行

## 3. 平衡

宇航员需要有良好的平衡感。你单腿站立能保持多久呢？如果这很简单，试试看蒙住眼睛、堵住耳朵又会有怎样的表现呢？

左腿：————

右腿：————

## 4. 拉伸

你在太空中会长高呢！你的手能伸到头顶上方多高呢？

成绩：———— 厘米

## 5. 呼吸

你需要保持头脑清醒以应对在太空中可能发生的各种情况。慢慢地吸气，呼气 1 分钟。你是否放松下来，准备好起飞了呢？

□ 是的，让我们起飞吧！　□ 还没，还要试一次！

# 活动 0.1：宇航员体能训练

## 背景知识

欧洲航天局宇航员提姆·匹克在进入太空前进行了 4 年的训练。他需要有健康、强壮的身体，并且对人体在太空中可能发生的变化了如指掌。

## 活动安排

本节内容要求学生做一系列的训练，包括有氧运动、无氧运动，以及锻炼协调性、负重、平衡感、核心力量和正念减压法等各种训练。这些都是为了保证充沛的体力而设计的，学生之间需要一起计算、测量训练成绩，并记录在各自的《太空日记》中。

1. 跳跃： 在地球上人们会受到把人体向下拉的重力作用。 通过向上跳，你可以尝试挑战重力。

跳跃是一种有助于强健骨骼的负重运动。它还可以提高心率，改善心血管的健康。

2. 飘浮： 学生可以开双臂，想象自己飘浮在国际空间站里，这个动作有助于加强核心肌群的力量。

3. 平衡： 锻炼核心肌群和体态对于像提姆这样的宇航员来说十分重要，因为把提姆从地球送到国际空间站的联盟号的飞船非常狭小，旅程非常艰苦，这就要求提姆有强壮的核心肌群。

4. 拉伸： 在太空中，由于不再有重力压迫骨骼，宇航员们可以"长高"2 英寸（1 英寸 =2.54 厘米）左右。返回地球后，他们就会恢复到原来的身高。学生可以成对或是分组互相测量身高。

5. 呼吸： 太空中危机四伏，所以对宇航员来说，拥有一个坚强、健康的大脑至关重要。他们要能够冷静高效地处理问题。冥想练习能够使学生集中注意力，帮助他们应对各种问题。让学生在一个舒适的环境中坐好，闭上眼睛。当他们呼吸时，让学生把呼吸想象成一团热气穿过他们的身体，一路向下，从脚底离开。

## 课堂提问

• 为什么宇航员需要保持身体健康？

• 为什么宇航员需要有一个健全的头脑？

## 所需资源

• 整洁地面的教室或是户外空间。你需要一个足够所有学生都能伸展双臂躺下的空间。

• 秒表或者计时器（在线可提供）

• 米尺或尺子

## 有用链接

浏览如下链接：discoverydiaries. org/ astronaut-workout/

可以访问，下载到有助于计划，安排课程的其他信息，如：解决方案，视频，关联课程和 PPT 演示文稿等。

- 你在锻炼的时候用到了哪些身体部位？

- 你能研究一下提姆接受的训练包含哪些吗？

## 差异化教学思路

**支持：**

- 全班一起讨论，有哪些用来测量时间和长度的工具？在什么时候，哪些工具用起来是更合适的？为什么？

- 全班一起讨论如何调整训练内容，以支持有特殊教育需要（SEN）的同学也可以完成，然后进行这项练习，让每位学生都可以参与进来。

**挑战：**

- 让学生将测量结果分别以米、厘米、毫米为单位进行转换。

- 学生能否研究并自创一套宇航员体能训练方案？

**课堂小贴士！**

让整个学校都参与进来，进行一次特别的太空主题体能训练。我们的博客对此有专门的讲解。链接如下：https://discoverydiaries.org/run-a-spaced-themed-event-astronaut-workout/

**有笔记吗？**
**写在这里**

# 人体在太空中

当你进入太空，你会发现…

正确　错误

1. 你变高了

2. 刚进入到太空的前几天，你可能会感觉到恶心。

3 你的拇指掉了。

4. 你的眼球变形了。

5. 你的骨头变得脆弱了。

6. 你的耳朵变成紫色了。

7. 你的全身长满了毛发。

8. 你的脸变肿了。

9. 太空中你不能拉臭臭！

10.

嗨，大家好！

我是马可，我负责帮助像你一样的宇航员们，去了解人体在太空中会有怎样的变化。你能先帮我找出这些说法中，哪五个是正确的吗？

10. 添加一个你自己的问题，考考你的朋友们！

# 活动 0.2：人体在太空中

## 背景知识

人体在太空中会出现很多变化，而国际空间站是监测这些变化的最佳环境。提姆在国际空间站中的活动，很多是对他的身体进行的测试。

发射升空前，宇航员们需要确保他们没有罹患任何感冒或是其他感染，以免将病毒带入国际空间站。他们还要去看专门的航天医生，确保他们不需要在离家那么远的地方处理健康问题。飞船上虽然有一定的医疗设备，但是一旦宇航员出现重大的健康问题，他们就需要被送回地球进行治疗。

在微重力环境下，宇航员四处飘浮，因此他们的身体没有任何负重。他们的骨骼和肌肉会逐渐退化，所以在国际空间站里，宇航员必须每日进行锻炼来抵消身处太空的影响。

提姆在国际空间站每天锻炼 2 小时来对抗重力的影响，在那期间他甚至"完成"了伦敦马拉松。

宇航员们还容易有晕车的感觉和患上肾结石。因为生物钟被打乱，在国际空间站睡眠也经常受到干扰。

体液流动可能导致宇航员觉得自己好像感冒了，这也会影响到他们的嗅觉和味觉。他们的脸会变得肿胀，有时他们的视力也会受到影响。事实上，他们的眼球的形状也会发生轻微的、肉眼观察不到的形变。

宇航员在太空期间可以"长高" 2 英寸，这是因为缺少重力作用，脊椎会自然伸展和放松。

## 活动安排

在班上向同学们提问，或是让他们相互测试一下。对于大一点的学生，让他们研究太空对人体的影响，并提出他们自己的问题。他们能够就自己的研究结果做一个报告或是演讲吗？

## 本节活动答案

### 所需资源

- 附加：用便利贴鼓励全班同学提问。可以考虑能不能用写上问题的便利贴装饰一面"太空日记"问题墙？
- 如果你想完成编程俱乐部的拓展活动，你需要一台或是多台计算机。

### 有用链接

浏览如下链接：discoverydiaries. org/your- body-in-space/

可以访问，下载到有助于计划，安排课程的其他信息，如：解决方案，视频，关联课程和 PPT 演示文稿等。

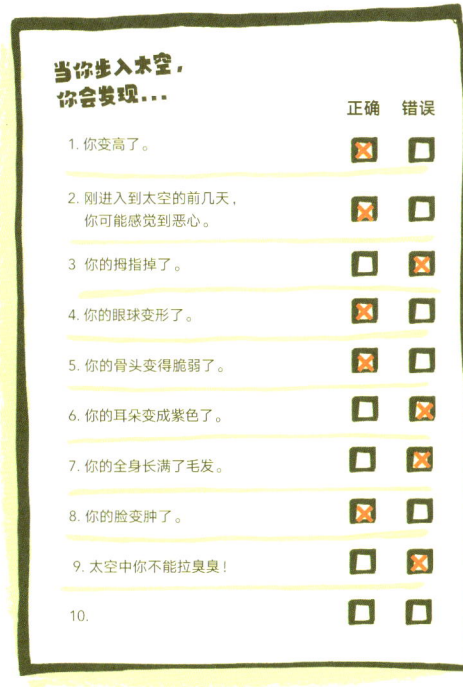

当你进入太空，
你会发现...

| | 正确 | 错误 |
|---|---|---|
| 1. 你变高了。 | ☒ | ☐ |
| 2. 刚进入到太空的前几天，你可能感觉到恶心。 | ☒ | ☐ |
| 3 你的拇指掉了。 | ☐ | ☒ |
| 4. 你的眼球变形了。 | ☒ | ☐ |
| 5. 你的骨头变得脆弱了。 | ☒ | ☐ |
| 6. 你的耳朵变成紫色了。 | ☐ | ☒ |
| 7. 你的全身长满了毛发。 | ☐ | ☒ |
| 8. 你的脸变肿了。 | ☒ | ☐ |
| 9. 太空中你不能拉臭臭！ | ☐ | ☒ |
| 10. | ☐ | ☐ |

## 差异化教学思路

支持：

- 创建能力"混搭小组"，让他们一起配合，对每一条陈述的对错达成一致意见。

- 协助学生提出自己的问题，和他们一起探索该问题的语法结构，包括问号的使用。

挑战：

- 让学生找到支持他们对每一道题目所选答案的科学依据。

- 让学生介绍他们为了支持所选的答案而进行的研究。他们可以进行可视化的展示，也可以口头汇报。

## 拓展 & 数字资源

与我们编程俱乐部的编程活动结合，编写你自己的测验题目。链接如下：https://codeclubprojects.org/en-GB/space-mission/space-body-quiz/

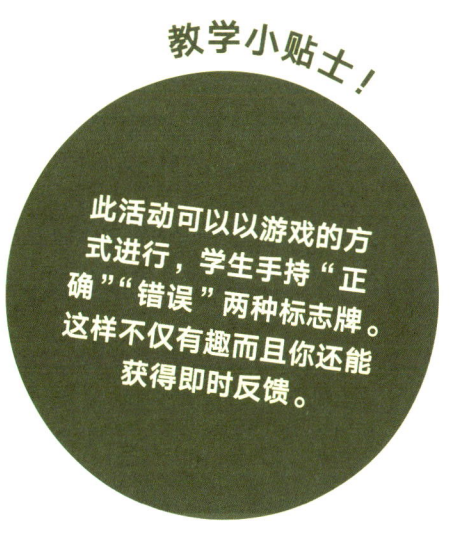

教学小贴士！

此活动可以以游戏的方式进行，学生手持"正确""错误"两种标志牌。这样不仅有趣而且你还能获得即时反馈。

太空战晶

菜单

宇航员需要均衡饮食。你能画出你在太空中的第一餐饭吗？要确保它包含了一名健康的太空旅客所需各种营养成分。

# 活动 0.3：太空盛宴

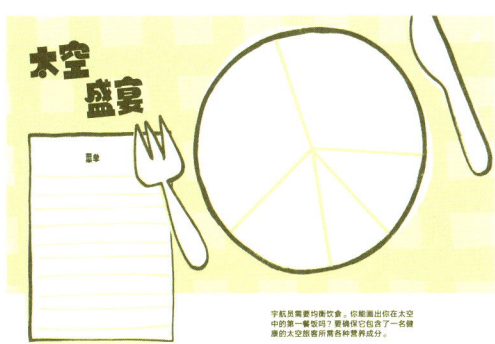

宇航员需要均衡饮食。你能画出你在太空中的第一餐吗？要确保它包含了一名健康的太空旅客所需各种营养成分。

## 背景知识

宇航员需要摄入足够的能量（卡路里）才能保证在太空中高效工作并维持健康。低重力环境会在一定程度上损害骨骼的健康，因此钙和维生素的摄入就变得至关重要。因为工作任务繁重，很多宇航员没时间摄入足够的卡路里。

体液转移使得宇航员的头感觉"晕晕乎乎的"，就像是感冒了。这使得食物在太空中吃起来会比地球上感觉更寡淡无味。

食物通常是脱水的，新鲜的水果是一种奢侈品。

食物需要安全便利地存储，而且不能产生碎屑，以防碎屑不慎掉入国际空间站的特殊设备中。早餐麦片中的干草莓、咖啡颗粒、脆皮巧克力、铝箔纸盒包装的饮料等，都是常见的太空食品。

美国宇航局的《太空食品》介绍了太空食品制作的方法，以及哪些食品对太空环境更友好，可以在如下链接中找到：https：//www.nasa.gov/audience/ formedia/presskits/spacefood/ factsheets.html

查看一下英国航天局发起的"英国太空大餐竞赛"，这场比赛邀请全英的学生帮提姆设计特别的菜单，并由世界上赫赫有名的顶级"厨神"赫斯顿·布卢门塔尔亲自烹饪。详见如下链接：https：//principia.org.uk/ 活动 /the-great-british-space- dinner/

## 活动安排

从英国国家健康署（NHS）网站下载膳食平衡盘，详见如下链接：http：//www.nhs.uk/Livewell/ Goodfood/ Documents/The-Eatwell- Guide-2016. pdf

从如下方式中任选择其一，来布置你的练习场所：

把教室布置成食材店，在各个角落为不同的小组提供不同种类的食材。学生可以"选购"那些他的太空盛宴会用到的食材，并把它们画下来。

### 所需资源

- 彩色画笔
- 从英国国家健康署下载膳食平衡盘
- 为年龄较小的学生准备：购物篮和食材
- 年龄大些的学生准备：不同食物种类的简介

### 有用链接

浏览如下链接：discoverydiaries. org/space- dinner/

可以下载到有助于计划、安排课程的其他信息，如：解决方案、视频、关联课程和 PPT 演示文稿等。

参考膳食平衡盘选择食材，每类食物组的食材都要涉及，设计一餐的菜单。

再让他们将菜单中的食材对应到食物分类中的每一类。这项活动所需的资料和拓展练习方案，在相关网站上可以获得。

## 拓展 & 数字资源

为了进一步挑战学生，您还可下载为本章节配备的拓展活动，链接如下：http：//discoverydiaries. org/activities/space-dinner.

这部分拓展内容由克莱尔·洛佐斯老师开发。

## 差异化教学思路

支持：

• 把教室布置成食材店，按照不同的食物分类准备不同的食材。学生可以"选购"自己的食物拼盘里需要的食材。

• 将一系列食材带到教室或者用 PPT 演示文稿来进行展示和介绍。让全班的学生一起识别每一种食材应该属于哪一种食物分类。

挑战：

• 让学生将他们所选的各种食材，分别归类到相应的食物分类中。学生还能设计一下前菜、甜点和饮品吗？

• 让学生担任太空营养学家的角色，设计一份包含早餐、中餐、晚餐以及茶点的全日健康饮食计划。

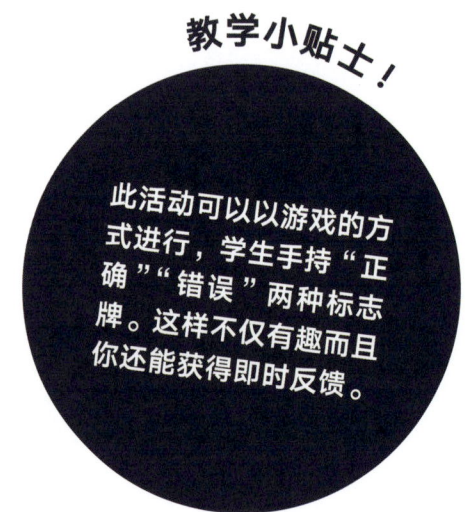

**教学小贴士！**

此活动可以以游戏的方式进行，学生手持"正确""错误"两种标志牌。这样不仅有趣而且你还能获得即时反馈。

有笔记吗？
写在这里

# 设计宇航服

**是时候设计
你自己的宇航服了!**

你可以随心所欲地设计你的宇航服,但别忘了包括那些能够让你正常呼吸、交流以及保护你免受伤害的功能。

# 活动 0.4：设计宇航服

### 背景知识

宇航服不仅仅是一套制服，它更像是一个私人定制的人形航天器，旨在保证宇航员能在太空中存活下来。宇航服分为两种：一种是用于往返太空的，一种是用来进行太空行走 (EVAs) 的。

用于舱外行走的宇航服要满足很多功能。它们要给宇航员提供足够的氧气，给他们提供保暖或御寒，保护他们免受太空垃圾的伤害，允许宇航员可以相对自由地移动，甚至要配有火箭助推器以防宇航员陷入麻烦！ 宇航服在地球上很笨重，但在太空零重力的环境下显得很轻。

在前往国际空间站和返回地球时，提姆·匹克所穿的是科索尔宇航服，这与他在太空行走时所穿的宇航服不同。

这是一套救生服，而"科索尔"( Sokol ) 在俄语中是"猎鹰"的意思。

这同海伦·莎曼去"和平号"空间站所穿的宇航服是同一款。这款宇航服的主要功能有：

- 两层结构：里层是橡胶的，外层是白色尼龙的。

- 靴子内置在宇航服内，太空手套则由特殊的铝制扣件连接在宇航服的手腕处。

- 头盔也是宇航服的一部分。要穿上宇航服，你需要让头部通过颈部密封圈钻进头盔，头盔通过铰链连接一个面罩（这样你就可以打开它）。颈部的密封圈意味着你可以在着陆时漂浮在水中，而且即使打开面罩，宇航服也不会进水。

- 空气阀门。一个连接在宇航服上的氧气供应装置，减压的时候会被激活。

- 用于交流的无线电和麦克风。

### 活动安排

鼓励大一点的学生使用各种材料来设计一套宇航服。这个作品会贴上一个写有"样品"字样的库房标签。想法如下：

锡箔：反射辐射；棉毛：绝缘，捕获空气；内部黑色：吸收热量；外部白色：反射热辐射。

### 所需资源

- 彩色铅笔或其他彩色画笔

- 可选：宇航服材料的简介—— 反射辐射的锡箔，用来绝缘的棉毛等。

### 有用链接

浏览如下链接：discoverydiaries. org/design- your-spacesuit/

可以下载到有助于计划、安排课程的其他信息，如：解决方案、视频、关联课程和 PPT 演示文稿等。

## 课堂提问

- 宇航服分为几个不同的部分？
- 为什么宇航服设计得像连体衣？
- 宇航服在太空中会有多重？
- 当你穿着宇航服时如何上厕所？

## 差异化教学思路

**支持：**

- 向学生提供一系列手工材料，让他们设计自己的宇航服。
- 向学生提供一系列宇航服的图片，使学生从图中找到保障宇航员呼吸和交流的设备特征。

**挑战：**

- 思考材料的适用性，让学生思考他们会选用哪些材料来创作自己的宇航服。并让他们标注出自己的宇航服的各项功能，以及所建议使用的材料的相关信息。

- 通过查询相关网站的拓展活动，让同学们进行一项实验，以确定一种可以使用在宇航服上的绝缘材料。详细链接如下：https：//discoverydiaries. org/activities/ investigating-materi- als/

发射前：
活动 0.4
设计宇航服

**教学小贴士！**

宇航员在执行不同的太空任务时会选择不同的宇航服。在本章节活动开始前，让学生先确定他们打算设计哪一种宇航服。

**有笔记吗？**

**写在这里**

# 宇航员测试！

关于做一名宇航员你都学到了哪些内容？设计一份你自己的测试题，考考你的朋友们吧！

正确还是错误？

# 活动 0.5：宇航员测试

## 背景知识

这项测试对学生来说，既能巩固本章所学知识，又比较有趣。学生可以自己设计一套判断题来考考他的同学们。

## 活动安排

邀请学生分享学到的知识以巩固学习成果。把大家的分享记录在白板上，这样所有的学生都可以看到这些信息。复习遇到的每一个科学词汇，弄清这些词汇的定义。

以小组或个人的形式，各自准备五个问题，提醒他们使用"正确／错误"的判断题格式。你可以先提供几个判断题的例子，这样学生可以更好地理解这一格式。如，提姆·匹克的太空任务名称为眺望星空（错误）。或者，人体的某些部分在太空中会发生改变（正确）。向学生强调，答案是"错误"的题目就是没有准确陈述事实的题目。

学生可能需要时间来研究他们的答案，以便可以更好地设计他们的题目。分组合作有助于帮助那些年龄较小的同学。

一旦同学们准备好他们的问题，让他们成对或是分小组互相测试。还可以作为家庭功课，让他们将题目带回家去考一考自己的家庭成员。

## 课堂提问

- 为什么对科学家来说，提问很重要？
- 你还有哪些关于太空的问题在本章中没有得到答案？
- 你在这一章中学到了什么让你感到特别惊奇的内容吗？
- 还有哪些方法是不用做宇航员也能达到了解太空的目的的呢？

## 所需资源
- 简介／之前活动使用的白板纸

## 有用链接
浏览 discoverydiaries.org/activities/ astronaut-quiz/ 可以访问到有助于计划、安排课程的链接和其他信息。

# 第一章
# 和地球说再见

抵达国际空间站是一项需要专家团队协作完成的复杂任务。学生运用他们的数学知识和解决问题的技巧，成功地完成了火箭发射、同国际空间站的安全对接，还回味了他们离开地球的感受。

## 本章内容

### 1.1 发射时间到！
通过完成"提姆的发射日"的漫画来了解时间点和时间段的概念。
> 科学 + 数学

### 1.2 8 分钟抵达太空
完成一篇创意写作，内容是"首次进入太空的思考"
> 科学 + 读写

### 1.3 快速交会
通过从其他活动获取的线索，计算提姆·匹克到达国际空间站的时间
> 科学 + 数学

发射升空9分钟后，联盟号载人飞船与火箭前成功分离！

晚上7点舱门打开，提姆登上国际空间站，刚好赶上国际晚餐！

_ _ : _ _ PM

升空！

11:03 AM

哇！经过6小时10分钟，联盟号终于和国际空间站会合啦！

# 发射 时间到！

我是维妮塔！今天是2015年12月15日，提姆·匹克升空的日子。帮我们一起讲述他的故事吧。你能帮忙把时间加到时钟上，并画出缺失的场景吗？

今天是原理号的发射日！提姆已经准时抵达发射场。
时间：

8:33 AM

20分钟后……提姆进入联盟号。

任务控制中心通知所有车辆：现在是上午10：48，请所有车辆撤离发射场并做好发射前准备！

# 活动 1.1： 发射时间到！

## 背景知识

这项挑战希望让学生了解模拟时钟与数字时钟之间的对应关系。本节课还介绍了持续时间（时间段）的概念，由此学生可以根据给出的线索计算新的时间。

本章所使用的时间是提姆·匹克 2016 年发射升空的那次，这将帮助学生理解整个发射过程不同阶段所需时间的长短。

有趣的是，国际空间站所用的时间是协调世界时间（UTC），相当于格林尼治标准时间（GMT）。原定的 GMT-5 发射时间是美国得克萨斯州所在的西五区时间（GMT-5），但这对于身处俄罗斯的宇航员来说很不合适，于是使用格林尼治标准时间就成了休斯顿和莫斯科（两个主要的任务指挥中心所在地）之间的一个折衷方案。

## 活动安排

在本节活动中，学生需要在模拟时钟和数字时钟间中进行时间换算。他们还要理解缩写"A.M.""P.M."的含义。

先让学生读出已经显示的时间，再让他们理解需要找到的时间点，这项任务需要在已经给出的时间点基础上加上正确的分钟数来完成。确保学生知晓标题下面的图片是这一系列图片中的第一张，而不是右边那张。问问他们是如何知道这一点的。他们应该可以解释上午 8∶33 比 11∶03 早。利用图中已经给出的时间，学生应该能够发现的阅读的正确顺序。

接下来，学生通过对分钟数做加法，计算出下一个时间点。他们需要在表盘上画上缺失的表针。

提醒学生，时针同分针一样都会在表盘上移动。在一实物时钟上演示，时针如何在两个小时标记之间移动一格，而与此同时分针在表盘上转了一整圈。

学生还可以画两个漫画场景——发射升空和最后一个场景——提姆第一次登录国际空间站。

应该培养学生对模拟时间和数字时间的理解。向他们介绍 24 小时计时法时，可以让他们把下表中的时间都转换并记录成 24 小时计时法。

## 本节活动答案

## 所需资源

- 模拟时钟（可选）

## 所需资源

浏览相关网页：discoverydiaries. org/ time-for-launch/ 可以访问、下载到有助于计划、排课程的其他信息，如：解决方案、视频、关联课程和 PPT 演示文稿等。

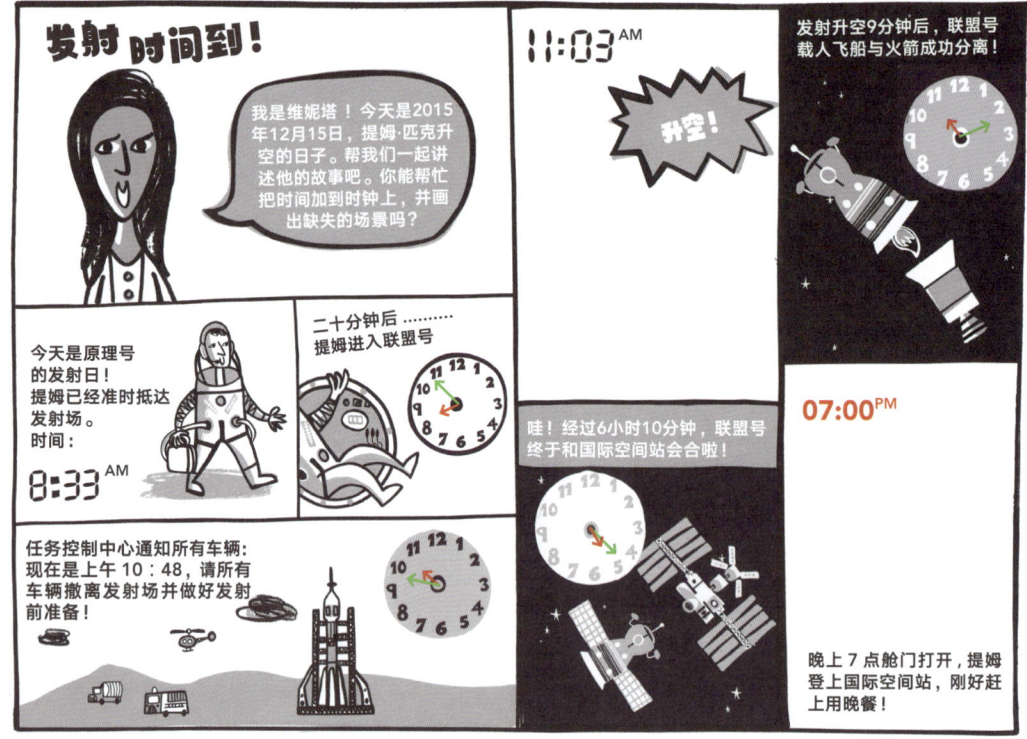

## 课堂提问

让学生进行更多挑战，给他们一些拓展问题，如两个时间点之间持续了多久？

- 提姆从到达发射场到随联盟号升空，一共花了多长时间？
- 在发射场疏散所有车辆之前，提姆在联盟号中待了多少分钟？
- 从进入联盟号一直到登陆国际空间站，提姆一共在联盟号中待了多久？

## 差异化教学思路

**支持：**

- 借助提姆发射升空任务的镜头，学生可以了解发射过程的不同阶段。可参阅相关链接如下：(http://www.esa.int/ESA_Multimedia/Videos/2015/12/ Principia_launch_highlights)
- 为学生提供数字时钟和带有可转动指针的模拟时钟，帮助他们找到答案。

**挑战：**

- 拓展一下，让学生将题目中的答案转换成 24 小时计时法。
- 让学生继续挑战，用不同的格式重写发射过程，比如指南或是脚式。

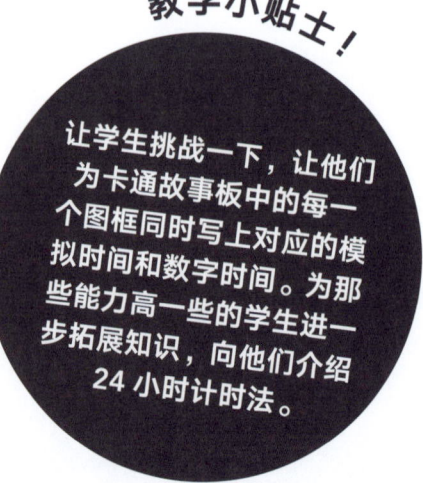

教学小贴士！

让学生挑战一下，让他们为卡通故事板中的每一个图框同时写上对应的模拟时间和数字时间。为那些能力高一些的学生进一步拓展知识，向他们介绍 24 小时计时法。

当我们的飞船发射升空时，我感到…

# 8 分钟抵达太空

升空！从发射到绕轨道飞行，提姆·匹克以及他的队友提姆·科普拉和尤里·马伦琴科大约用了8分钟时间。想象一下如果你也在那里，第一次被发射到一片漆黑的太空，会是一种怎样的感觉呢？

# 活动 1.2：8 分钟抵达太空

做功课、吃晚饭。对于穿越这么遥远的距离来说，8 分钟是非常短的时间。

与全班同学分享写作的目标和成功的标准。这些也取决于学生的年龄和能力（参照您所在地区的课程规划，差异化教学思路）。学生将描写一段想象中的太空穿越之旅。鼓励学生在描写他们的想法和感受的同时，也尽量用感官的体会来表达体验。

让学生与全班分享他们的作品。有机会的话可以进行同伴评估或是自我评估。

## 背景知识

联盟号飞船用了大约 8 分钟时间穿过地球的大气层，将提姆·匹克送入外太空。提姆在这段时间内飞了如此遥远的距离（从地球到外太空大约为 100 公里。国际空间站自身距离地球大约 322 公里），这简直太惊人啦！这篇作文的写作要让学生想象离开地球会是什么样，同时鼓励其个人表达，培养其读写技能。

## 活动安排

在本节教学活动中，很重要的一点是学生要了解时间段的长度。关于这一点，可以使用一个计时器或是秒表来帮助学生。用计时器设置 1 分钟时间，询问学生他们要花多长时间上学、刷牙、

## 课堂提问

● 你去学校有哪些不同的方式？如果你走路、搭乘公交或是开车，要多久能到达学校？从你家或者学校出发，8 分钟时间你可以走到哪里？

● 在执行原理号航天任务期间，提姆·匹克远离他的家人和朋友 7 个月之久。你觉得离开这么久会有怎样的感觉？如果换成你，你会感觉如何？

### 所需资源

● 网络连接

● 写作素材

● 秒表或计时器

● 交互式白板（可选）

### 有用链接

浏览如下链接：discoverydiaries. org/8- minutes-to-space/ t

可以访问、下载到有助于计划、安排课程的其他信息，如：解决方案、视频、关联课程和 PPT 演示文稿等。

## 差异化教学思路

**支持：**

- 在写作上有困难的同学，可以口头讲述他们的故事或者使用图片配上简短的说明。

- 全班一起进行头脑风暴，寻找与感觉相关的描述性词汇。学生可以在他们的写作中借鉴这些词汇。

**挑战：**

- 让学生去体验不同形式的写作，比如：诗歌、新闻报道，或者使用特定的时态、人称等。

- 要求他们作品中要包括场景设置、时间连接词、对话、段落，进一步挑战学生。

**教学小贴士！**

为了帮助学生想象在 8 分钟内抵达太空的感觉，让学生头脑风暴的同时，为他们播放一些鼓舞人心的音乐。

有笔记吗？

写在这里

# 快速交会

## 简介

必须完美地计划联盟号飞船和国际空间站在太空中的会合时间,这叫做一次"交会"。搭载提姆·匹克和他的伙伴的联盟号完成了一次快速交会。你能帮我们写一份详细的报告吗?

追踪联盟号的轨迹,找出提姆围绕地球轨道转了几圈。

(你可以借助本章伊始,活动1.1发的那组卡通图,找到一些射时间到__时间到问题的答案)

## 联盟号 TMA-19M 交会报告

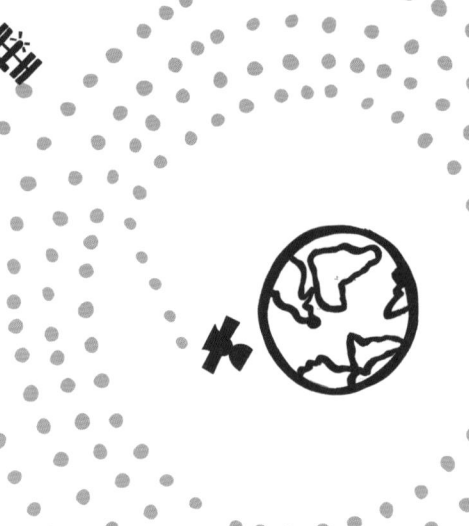

提姆·匹克和他的队友们,

来自美国,

来自俄罗斯,于2015年__月__日__时__分,被准时

送入太空。他们的飞船围绕地球轨道运转了__圈,从升

空到对接刚好用时__小时__分钟。这一过程被称为一

次快速_____。

# 活动 1.3： 快速交会

## 背景知识

本节活动可以和"发射时间到"（活动 1.1）同步进行。学生可以利用他们在活动 1.1 中获得的信息完成填空题，以完成本节的任务。

在运送宇航员进出国际空间站时，必须精准地引导飞船与国际空间站对接。这就是所谓的"交会"。太空交会是一个复杂的过程，因为飞船必须赶上以每小时 28163 千米的速度绕地球运行的国际空间站。

在 2015 年，联盟号飞船在太空中飞行了大约 6 小时才抵达国际空间站，与国际空间站完成对接，提姆和其他宇航员得以进入空间站。

那么联盟号飞船是怎样和国际空间站对接的呢？一旦飞船离开地球大气层，宇航员就会以平行于地球轨道的方向点燃搭载的火箭，使飞船进入一个绕地球运行的轨道。

他们要一点一点地增大轨道半径，直到找到国际空间站围绕地球运行的轨道。这就是"霍曼转移"，它需要联盟号两次启动引擎，在地球的每一边启动一次。每次发动机喷射都增加了联盟号的轨道半径。经过一系列短暂的校正点火，联盟号终于追赶上了国际空间站。

为了使联盟号飞船与国际空间站在同一轨道上运行，宇航员在飞船飞过国际空间站时进行了另一次霍曼转移。这次飞船被推进到空间站轨道前方的位置，接着宇航员引导飞船掉头，让飞船刚好同空间站面对面。

这是相当惊险的一步，因为国际空间站重 419.57 公斤。对接的时间只有 30 分钟左右，但完成交会过程可能需要几小时。

## 活动安排

学生需要找到相关信息完成填空题，以完成本节内容的学习。

建议您先向同学们介绍上面的背景知识，还可以告诉他们"rendezvous"是一个法语单词，就是"交会"的意思。

让学生追踪联盟号环绕地球时的轨迹，这有助于他们一步步完成填空题。

---

**所需资源**
• 无特殊要求

**有效链接**
浏览如下链接：discoverydiaries.org/fast-track-rendezvous/ 可以访问、下载到有助于计划、安排课程的其他信息，如：解决方案、视频、关联课程和 PPT 演示文稿等。

接下来让学生参考《太空日记》中的活动 1.1"发射时间到"和活动 1.2"8 分钟抵达太空"完成填空，分组或独立地研究提姆飞船与空间站的对接。

## 本章正确答案

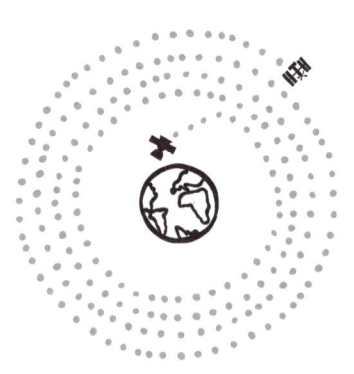

**联盟号 TMA-19M**
**交会报告**

提姆·匹克和他的队友们，_____**Tim Kopra**
来自美国，_____**尤里·马林年科**
来自俄罗斯，于2015年**12**月**15**日**11**时**03**分，被准时送入太空。他们的飞船围绕地球轨道运转了**4**圈，从升空到对接刚好用时**6**小时**10**分钟。这一过程被称为一次快速_____**会合**。

## 课堂提问

- 你觉得为什么这被叫作快速交会？
- 为什么联盟号在同国际空间站会合前要围绕地球轨道转那么多圈？
- 在几点的时候联盟号同空间站进行了对接？你是怎么知道、计算出来的？

## 差异化教学思路

**支持：**

- 在开始本节活动前，回顾活动 1.1"发射时间到"，让学生明白，完成活动 1.3 所需的信息可以在活动 1.1 找到。
- 组建"能力混搭的小组"，然后给每组提供一份活动 1.1"发射时间到"的 A3 影印文件。

**挑战：**

- 让学生去探索团队合作的重要性。他们能否去熟悉一下其他的团队成员？比如那些在地面指挥中心工作的人；或是同在联盟号飞船里，以及在国际空间站上一起参与保证航天器安全发射和成功对接的成员。
- 同学们计算国际空间站和联盟号的运行速度。如果用这个速度和地球上最快的动物和车辆相比如何？

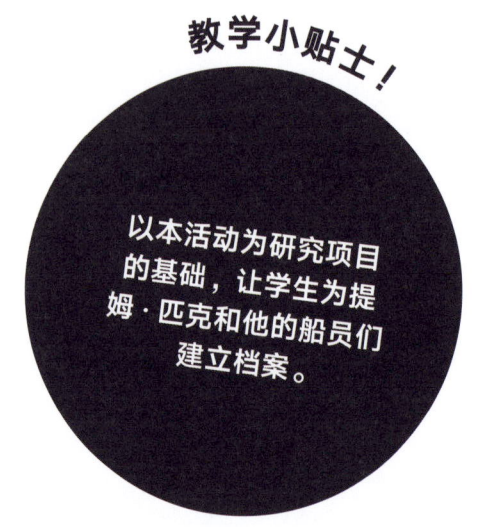

**教学小贴士！**

以本活动为研究项目的基础，让学生为提姆·匹克和他的船员们建立档案。

有笔记吗？
写在这里

_____
_____
_____
_____
_____
_____
_____

# 第一章：
## 词汇找找看①

找出那些你在本章中学到的单词。

注意：单词可能是正着写、倒着写或斜着写的。

你能发现以下 6 个字母作为开头的单词吗？

**L M O R S S**

# 第一章：词汇找找看①

| | | | | | | | | | |
|---|---|---|---|---|---|---|---|---|---|
| U | N | L | W | Z | T | N | N | T | R |
| W | J | E | L | K | O | T | M | F | B |
| U | B | T | J | I | F | I | N | A | H |
| T | J | Z | S | M | L | B | A | R | Q |
| W | E | S | V | A | J | R | X | C | M |
| Z | I | K | U | Y | A | O | S | E | S |
| M | S | N | C | Y | J | V | J | C | O |
| G | C | I | R | O | C | E | A | A | Q |
| H | R | O | V | H | R | V | F | P | Y |
| D | S | O | Y | U | Z | U | Z | S | X |
| U | P | G | V | S | T | I | J | H | U |

## 本节活动答案

发射（Launch），任务（Mission），轨道（Orbit），火箭（Rocket），联盟号（Soyuz），航天器（Spacecraft）

**定义：**

发射（Launch）：发射；启动；开始。

任务（Mission）：一位或是一组人共同承担的一项重要工作。

轨道（Orbit）：一个天体或航天器围绕、环绕另一天体的曲线路径。

火箭（Rocket）：自带助燃剂，利用燃烧推动的太空飞行器。

联盟号（Soyuz）：一个用来运送宇航员进出国际空间站的航天器系列。

航天器（Spacecraft）：太空旅行的交通工具。

## 差异化教学思路

**支持：**

• 提供完整的单词供学生查找。

• 大家协作，使用本章节中的词汇创作一首歌。

**挑战：**

• 如果学生已经完成词汇的查找，那么让他们开发一个自己的"词汇找找看"游戏。

## 背景知识

"词汇找找看"是对学生的一个额外挑战，在增强其思维能力的同时，还能丰富他们的科技词汇量。这里没有给出完整的单词表让学生寻找，而是只给出了每个单词的首字母。

## 活动安排

所有隐藏起来的单词都是学生在本章学过的词汇，这项活动为他们提供了一个复习和讨论所学内容的机会。要找到每个单词，首先要看表格下面给出的首字母。学生以班级为单位或结对讨论，分析这可能是哪个或哪些单词。看看大家是否能找出其中的单词。

---

**所需资源**

• 供研究之用的计算机、电子设备或是教科书

• 钢笔／铅笔

• 尺子

**有用链接**

浏览如下链接：discoverydiaries. org/ activities/ 宇航员 -quiz/

下载有助于计划、安排课程的解决方案、访问链接以及其他信息。

# 别忘了我们的
# 课堂小奖励!

学生每完成一章就给他
们一枚任务徽章。

第一章
李杭昊

第二章
指挥官

第三章
探险家

第五章
工程师

第四章
科学家

第六章
火星专家

太空日记

把太空任务日志悬挂在
教室里,作为太空展的
一部分。

# 第二章
# 太空交谈

宇航员们学习用各种不同的方式进行交流，通过研究国际空间站上的国际空间合作、报告的撰写和信息的解码，学生可以了解到不同的交流方式以及我们使用这些方式的理由。

## 本章内容

### 2.1 相聚外太空
研究一个航天机构，以及被其送到国际空间站的宇航员们。
> 科学 + 读写

### 2.2 爆炸性新闻！
写一篇以"提姆·匹克的太空第一天"为题的新闻报道。
> 科学 + 读写

### 2.3 地球呼叫原理号
破解代码，然后解码一条消息，发现其中的秘密。
> 科学 + 编程

# 相聚外太空

欢迎来到国际空间站！
哪些国家/地区已经向国际空间站派驻了宇航员呢？
你能为其中一个国家/地区制作一张航天信息卡吗？

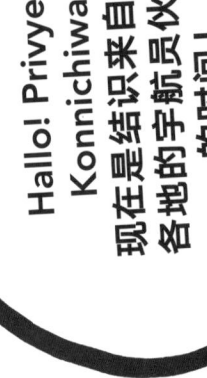

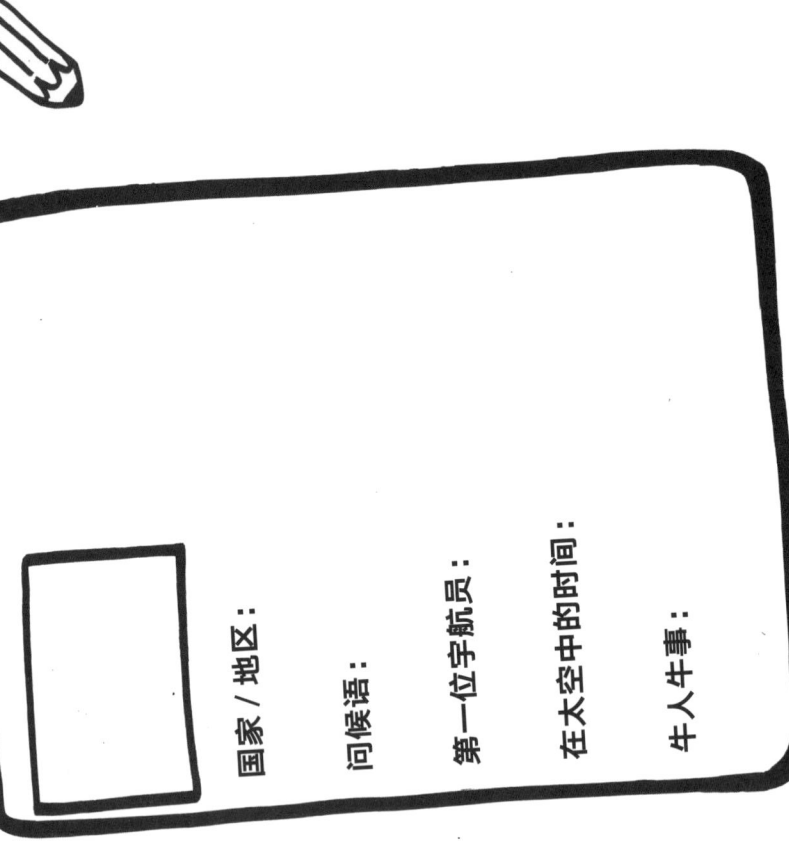

国家/地区：

问候语：

第一位宇航员：

在太空中的时间：

牛人牛事：

Hallo! Privyet! Konnichiwa!
现在是结识来自世界各地的宇航员伙伴们的时间！

## 欧洲航天局（ESA）

国家/地区：欧洲

问候语：Bonjour（法语）

第一位宇航员：乌尔夫·梅博德（德国）
1983 年 11 月 28 日

在太空中的时间：萨曼莎·克里斯托福雷蒂（意大利）创造了女性单人飞行的最长记录：199 天 16 小时。

牛人牛事：提姆·匹克是首位由欧洲航天局派驻的英籍宇航员。

# 活动 2.1：相聚外太空

## 背景知识

提姆·匹克与其他两外两名宇航员一起执行了原理号航天任务，他们是美国宇航局的提姆·科普拉和俄罗斯指挥官尤里·马伦琴科。已经在国际空间站上等待他们到来的人员有：来自美国的任务指挥官斯科特·凯利，俄罗斯宇航员兼本次任务的飞行工程师米哈伊尔·科连科，俄罗斯宇航员谢尔盖·沃尔科夫。

国际空间站有来自许多不同航天机构的宇航员。本活动邀请学生去探寻他们的不同之处。

国际空间站上的官方语言是俄语和英语，大多数标签、指南和通知都是双语对照的，机组成员之间则是两种语言混讲。提姆得学会俄语才能成为一位完全合格的宇航员。他在德国的欧洲航天局训练多时，因此还需要学些德语。

## 活动安排

本活动能让大家看到，相同的信息可以以各种不同的方式呈现。学生将使用书中提供的空白模板制作自己国家的航天信息卡。卡片上的标题能让读者快速找到自己感兴趣的内容。

你可以向学生展示《太空日记》中已经完成的欧洲航天局航天信息卡，与此同时将下面段落的内容介绍给他们。

欧洲航天局（ESA）有很多来自不同国家的宇航员。提姆·匹克是第一位和他们一起航行的英籍宇航员！欧洲航天局送入太空的首位宇航员是来自德国的宇航员乌尔夫·梅博德，他在 1983 年 11 月 28 日参与了美国宇航局的航天任务。欧洲航天局还有一项由意大利女性宇航员萨曼莎·克里斯托福雷蒂，她保持着的单人太空飞行最长记录：199 天 16 小时。欧洲航天局的官方语言是德语和英语。

将下面每一段话放置在教室的不同位置。邀请学生去阅读每个条目，然后选择一个国家来填写该国的国家航天信息卡。学生可能需要用到百科全书、互联网或是教室里提供的资料，去了解这个国家的国旗以及其他了不起的信息。

## 所需资源

- 钢笔和铅笔（要包括国旗的主要颜色）
- 其他航天局的概况介绍（详见：活动安排）
- 百科全书或是互联网，可让学生查询其他国家国旗

## 有用链接

浏览如下链接：discoverydiaries. org/united-in-space/

可以访问、下载到有助于计划、安排课程的其他信息，如：解决方案、视频、关联课程和 PPT 演示文稿等

人造卫星的发展历史上，不得不提的一个重要卫星就是探索者 1 号（Explore1）。1958 年 1 月 31 日，它从美国佛罗里达州卡拉维纳尔角冲出大气层冲向太空。三年后的 1961 年 5 月 5 日，他们的第一位宇航员艾伦·谢泼德被送入太空。美国宇航局位于得克萨斯州休斯顿最著名的航天中心发射场（主要是因为电影《阿波罗 13 号》）。他们的官方语言是英语。美国宇航局宇航员佩吉·惠特森在 2 次执行太空任务时，在太空一共度过了惊人的 376 天。

俄罗斯宇航员不叫"宇航员"(astronaut)，他们叫"航天员"cosmonauts。因为发音相近，人们很容易记住他们航天局的名字：俄罗斯航天局（Roskosmos）。用俄语问好，你可以说"privyet"，俄语写法为："Привет"。俄罗斯在他们的拜科努尔发射场发射火箭，这是世界上最靠北的发射基地。"斯普特尼克 1 号"于 1957 年 10 月 4 日发射，是第一颗绕地球运行的人造卫星。

俄罗斯航天员根纳季·帕达卡（Gennady Padalka）已经在 5 次任务中总计度过了令人难以置信的 879 天。但最早的俄罗斯航天员是尤里·加加林，他执行的首次任务是在 1961 年 4 月 12 日。

日本宇航局（JAXA）还很年轻，它在 2003 年由三个不同机构合并而成。日语里的"你好"，写法为：こんにちは（发音为"konnichiwa"）。尽管日本宇航员和田光一（Koichi Waka-ta）在四次贷危机任务中总计度过了 347 天，但第一位进入太空的日本籍人士，实际上并不是一位真正的宇航员！秋山丰广（Toyohiro Akiyama）于 1990 年 12 月与苏联航天局一起进入太空，而他是一名记者！日本第一颗人造卫星"大隅"（Osumi），于 1970 年 2 月 11 日发射升空，重量仅为 24 公斤。

## 课堂提问

- 你在家里或同家人交谈时说什么语言？你能创建一个代表你、你的朋友和你的社区的语言和问候语清单吗？

- 试试用非语言的沟通方法如何？你该如何用英国手语、字母手语和盲文说"你好"呢？

- 关于第一次任务的日期，你注意到了什么吗？对于这些不同你有什么解释吗？

有笔记吗？
写在这里

## 差异化教学思路

**支持：**

- 在班里安排一个资源中心，提供美国宇航局、欧洲航天局、英国航天局、中国航天局和俄罗斯航天局的航天信息介绍资料，以及这些国家地区的国旗和地图。

- 为班级分组，并为每组分配不同的航天局／国家。然后每组可以向全班展示他们的发现。

**挑战：**

- 向学生提供可信赖的网站清单和书籍清单，以支持他们进行独立研究。让学生提供他们所分配到的国家／地区所在的坐标。

- 要求学生研究一位退役或是现役的宇航员，并向全班介绍这位宇航员的航天任务信息。鼓励那些包含女性宇航员的研究。

**教学小贴士！**

把你的班级分组，并为每组分配一个不同的航天局／国家，分别收集资料，然后请每一组的代表来向全班介绍他们组对应航天局／国家的航天信息。

有笔记吗？

写在这里

# 是头条新闻！

不是每个人都有机会去太空，所以和地球上的人分享你的经验就显得尤为重要。

我是辛迪，主要帮助在地球上的人们了解太空和科学。你能写一篇关于"提姆在太空的第一天"的新闻报道吗？需要包括一张照片哟！

# 活动 2.2： 爆炸性新闻！

让学生从电视、广播、互联网和报纸上的新闻报道中寻找例子。在小组内检视我们找到的故事之间有何不同。我们会对我们的朋友、家人和老师讲述哪些内容？ 如果我们写一篇报纸文章而不是给朋友口述故事，又会有什么变化呢？

接下来，学生将写一篇关于他们"在太空中的第一天"的新闻报道。

更进一步，学生可以一起设计一份有关原理号航天任务的完整报纸或杂志，包括学生自己的作品，以及提姆执行任务期间刊登的各种故事。

## 背景知识

提姆·匹克和他的伙伴宇航员们有一张严格的时间表来安排日常的试验、维护，对抗零重力环境对生活的影响，保持自身的健康。

让学生想象自己是一名宇航员，写一篇关于太空生活的第一天写一篇新闻报道。

## 课堂提问

- 提姆的日常生活可能是什么样子的？ 这与你的日常生活有什么不同？

- 有哪些事情是你每天都在做而提姆在太空中做不到的？

- 关于提姆·匹克和提姆·科普拉进行的太空行走，你能找到哪些信息和资料？ 你能根据收集的信息创作一篇新闻故事吗？ 不要忘记引用信源、图片以及故事的真实细节。

- 你能找到其他国家或其他语言出版的有关国际空间站的新闻故事吗？ 与中国的新闻报道相比，它们的内容表述有什么不同？

## 活动安排

这里有一篇新闻的示例，你可以同你的班级一起读一下。(http：//www. bbc.co.uk/news/ science-environment-35324574)

你能找到与这个事件有关的其他博文和新闻故事吗？ 看看几种不同角度讲述故事的方式。根据受众不同，所使用的语言和所报道的内容有哪些变化？

### 所需资源
- 互联网连接
- 写作素材
- 交互式白板（可选）

### 有用链接
浏览如下链接：discoverydiaries. org/ breaking-news-2/

可以访问、下载到有助于计划、安排课程的其他信息，如：解决方案、视频、关联课程和 PPT 演示文稿等。

## 差异化教学思路

**支持：**

- 为学生提供一些可以在新闻报道中借鉴的词汇。
- 使用听写软件，或鼓励需要额外读写支持的学生进行可视化交流。

**挑战：**

- 学生可以角色扮演在国际空间站的宇航员。让学生相互采访，轮流扮演宇航员、记者或者访谈人的角色。鼓励学生使用描述性、感受性的语言。
- 回顾新闻的特点，要求学生在新闻报道中加入标题、解说词、引用信源和时间连词等。

**教学小贴士！**

通过收集所有学生的新闻报道来创建一份班级报纸。你甚至可以添加一个关于太空目的地的旅行游记专栏，或者一个航天器、太空服的广告等。

**有笔记吗？**
**写在这里**

# 地球呼叫 原理号

嗨，我是贝蒂，欧洲航天局飞行任务主管。我的工作就是保持地球和国际空间站之间的联系。我刚刚收到这条消息！你能帮我解码吗？

在你填写字母时，你能看出其中的规律了吗？

Ebiil!

Fp / qefp / Mixkbq / Bxoqe?

Fq'p / x / ybxrqfcri /

sfbt / colj / rm / ebob.

Qfj / Mbxhb,

pfdkfkd / lcc!

He____!

____ s/t__i_/P__an__/ ____/ r___?

,___/ ___/ b___/ fu___/

v__w/ f___/ ___/ ___/

___m/ ___k___,

___g___g/ o___!

| | |
|---|---|
| A | E |
| B | |
| C | |
| D | |
| E | H |
| F | I |
| G | |
| H | L |
| I | |
| J | |
| K | |
| L | N |
| M | |
| N | P |
| O | |
| P | S |
| Q | |
| R | |
| S | A |
| T | |
| U | |
| V | |
| W | |
| X | |
| Y | |
| Z | |

# 活动 2.3： 地球呼叫原理号

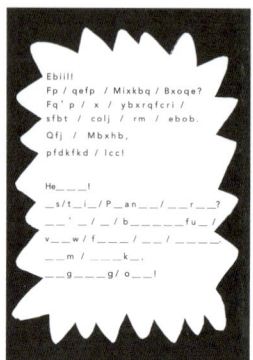

## 背景知识

宇航员通过卫星网络与地面控制中心以及他们的家人联系。这个网络被称为跟踪和数据中继卫星系统，网络中的第一颗卫星于 1983 年发射升空。国际空间站上的视频链接可以让任务控制中心了解太空中正在发生的事情，还可以在宇航员需要帮助的时候指导和协助他们完成任务。

太空中甚至还有互联网，可以让宇航员同他们的家人和朋友们保持联络。可惜的是，那里互联网的网速非常慢，不过这仍不失为一种与地球联系的重要方式。有时太空中也使用加密的代码传递信息，以保证将正确的消息传递给正确的人或组织。

## 活动安排

本活动中我们让学生去解码一条信息。为了做到这一点，他们将需要足够的耐心，就像最棒的宇航员一样！

有些学生会直接"破解"代码，而另一些学生则可能有条不紊地进行，直到他们填写了所有的空白。无论哪种方式，都是编码、解决问题和数学思维的重要基础。

为了帮助学生破解代码，首先要找出你已经获知的字母（如，B = E，E = H，F = I 等）。把字母表写在黑板上，并把已经被你解码的对应的字母写在下面。你发现规律了吗？画出来更直观也更容易掌握，所以请一名学生从上面的一个字母画一条线连接到下面一行中的同个字母，看看学生是否找出其中的规律。参考下面的例子：

啊哈，看起来每条线都朝同一个方向走！ 字母表的每个字母都移动了三个位置。现在，你的学生能填写其余的空白并解码这条神秘的信息了吗？

## 所需资源

• 白板 / 黑板 帮助学生破译密码

## 有用链接

浏览如下链接：discoverydiaries. org/earth-to-principia/

可以访问、下载到有助于计划、安排课程的其他信息，如：解决方案、视频、关联课程和 PPT 演示文稿等。

## 本节活动答案

```
Ebiil!
Fp / qefp / Mixkbq / Bxoqe?
Fq'p / x / ybxrqfcri /
sfbt / colj / rm / ebob.
Qfj / Mbxhb,
pfdkfkd / lcc!

Hello!
Is/this/ Planet/ Earth?
It's / a / beautiful /
view / from / up / here.
Tim / Peake,
Signing/ off!
```

## 差异化教学思路

### 支持：

- 提供一些额外的字母给班级同学，让他们一起或是分组去破解编码规则。

- 组建能力混搭的小组以帮助有特殊教育需求（SEN）的学生。

### 挑战：

- 分组工作，要求学生创建代码编写历史的时间线，一直追溯到古代。

- 要求学生研究一种编码方法及其应用。比如：英格玛密码，莫尔斯密码，恺撒移位密码，或一些当代的加密方法。

## 课堂提问

- 宇航员是如何与任务控制中心保持联系的？

- 你觉得为什么对宇航员来说，保持和地球的联系至关重要？

- 为什么要把信息加密？

- 太空中有互联网吗？如果你是一名在国际空间站的宇航员，你会用互联网做什么呢？

- 你能使用本节的代码，写一条太空信息吗？

## 教学小贴士！

请学生创建自己的编码加密信息，让其他同学去破解。你也可以给学生一个信息来编码，或者让他们创建自己的编码规则。

有笔记吗？

写在这里

## 第二章：
## 词汇找找看 ②

找出那些你在本章中学到的单词。

注意：单词可能是正着写、倒着写、或是斜着写的。

| F | M | O | E | H | W | M | R | A | A |
| Z | J | A | T | W | E | K | S | I | B |
| G | Q | R | G | S | R | T | P | T | M |
| B | A | V | S | R | R | I | C | N | V |
| E | Z | A | D | O | C | A | R | D | V |
| F | G | E | N | N | T | G | J | J | O |
| E | U | A | I | N | H | B | F | V | P |
| H | U | R | O | E | D | O | C | E | D |
| T | P | C | L | R | J | Z | J | B | F |
| U | G | S | J | E | Q | B | G | I | E |
| U | B | V | C | E | W | X | R | A | Q |

**你能发现以下 6 个字母作为开头的单词吗？**

## A C D E M P

# 第二章： 词汇找找看②

| F | M | O | E | H | W | M | R | A | A |
|---|---|---|---|---|---|---|---|---|---|
| Z | J | A | T | W | E | K | S | I | B |
| G | Q | R | G | S | R | T | P | T | M |
| B | A | V | S | R | R | I | C | N | V |
| E | Z | A | D | O | C | A | R | D | V |
| F | G | E | N | N | T | G | J | J | O |
| E | U | A | I | N | H | B | F | V | P |
| H | U | R | O | E | D | O | C | E | D |
| T | P | C | L | R | J | Z | J | B | F |
| U | G | S | J | E | Q | B | G | I | E |
| U | B | V | C | E | W | X | R | A | Q |

## 背景知识

"词汇找找看"是对学生的一个额外挑战，在增强他们思维能力的同时，丰富他们的科技领域词汇量。不同于给出完整单词，在这里学生只有首字母的提示。

## 活动安排

所有隐藏起来的单词都是学生在这一章学过的，所以这项活动刚好为他们提供了一个回顾和讨论所学内容的机会。要找到每个单词，首先看下表格下面给出的首字母。学生以班级为单位或结对讨论，分析这可能是哪个或是哪些单词。看看大家是否能找出其中的单词。

## 本节活动答案

宇航员（Astronaut），联络 (Contact)，解码（Decode），地球（Earth），信息（Message），原理号（Principia）

### 定义：

宇航员（Astronaut）：一位受训乘坐航天器旅行的人。

联络（Contact）：人或群体之间的联系，使他们能够相互交流。

解码（Decode）：把一条加密的信息转化成可以理解的语言。

地球（Earth）：我们生活的星球。

信息（Message）：一种口头或书面的交流，留给或发送给无法联系到的人。

原理号（Principia）：欧洲航天局宇航员提姆·匹克在 2015—2016 年度的去往国际空间站任务名称。

## 差异化教学思路

### 支持：

* 提供完整的单词供学生查找。
* 大家协作，使用本章节中的词汇创作一首歌。

### 挑战：

* 如果学生已经完成词汇的查找，那么让他们开发一个自己的"词汇找找看"游戏。

---

### 所需资源

* 供研究之用的计算机、电子设备或是教科书
* 钢笔 / 铅笔
* 尺子

### 有用链接

浏览如下链接：discoverydiaries.org/activities/astronaut-quiz/

下载有助于计划、安排课程的解决方案、访问链接以及其他信息。

# 第三章
# 亲眼看太空

现在学生已经习惯了宇航员的生活。是时候里里外外探索一下他们的新家——国际空间站了！了解一下国际空间站复杂而又令人惊叹的结构，然后透过空间站的窗户，看着地球和太阳系。

## 本章内容

国际空间站的每一个部分都有其特定的功能。你能发现每一个部分都是在做什么的吗？

"桁架" 是一些长的横梁和三角形结构，它们将国际空间站连接在一起。三角形结构提供_____，确保桁架可以把巨大的国际空间站连接在一起。

球体区域和罐状区域是宇航员们_____的地方。这些区域都是加压的，就像一罐_____和_____汽水。

这些大的长方形面板是太阳能电池板，用来收集_____，并把它转化成_____。

这些小一些的长方形面板是热辐射装置，用来释放掉国际空间站所产生的_____。

机械手臂很长，可以弯曲，所以它可以延伸到国际空间站周围，并维修外面的那些部分。它可以搬运近10万千克的设备！如果一只大象的体重是5000千克，那么机械手臂可以举起多少只只大象呢？_____

# 你的新家

国际空间站是你的新家。
这个令人惊叹的结构是使用从地球发送过来的组件在太空组装起来的。仔细观察可以发现，国际空间站也包含很多在地球上也能看到的形状。

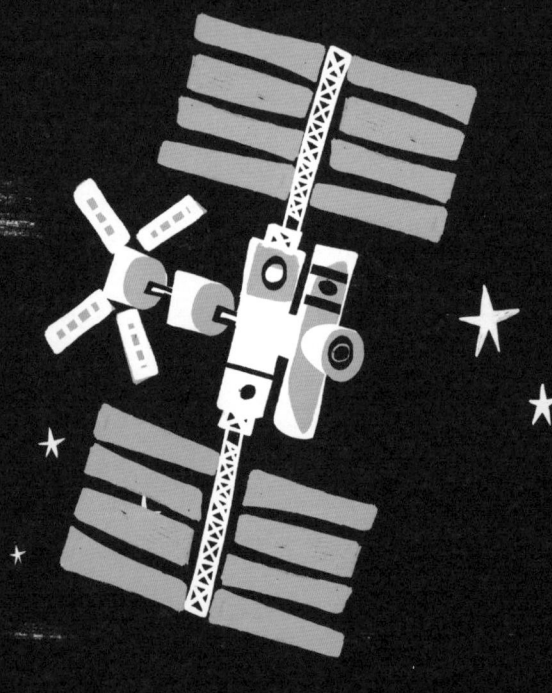

# 活动 3.1：你的新家

## 背景知识

迄今为止，国际空间站可以说是有史以来最伟大的国际合作项目！ 这是欧洲、加拿大、日本、俄罗斯和美国的共同合作成果。1998 年，俄罗斯发射了曙光号功能舱，标志着国际空间站正式开始建造。2011 年 5 月，航天飞机送来了最后一个主要组件——粒子物理探测器阿尔法磁谱仪（AMS-02），国际空间站终于完成了组装。

国际空间站重 360 吨，体积超过820 立方米，舱内加压以适应人类的生存。它大约有一个足球场那么大，有足够的空间供六名宇航员在里面生活、工作、做实验，并能容纳宇航员太空生存所需要的一切物资和维护空间站运行所要的各种设备。

如果想在地球上建好国际空间站，那是完全不可能的，因为根本没有那么大尺寸和那么强动力的火箭能把这个大家伙发射到太空中去。所以它是逐步在太空中建造起来的。先后执行了 40 次任务才把建造国际空间站所需的全部部件送入太空。

## 活动安排

国际空间站是一个极其复杂的结构，乍一看令人望而生畏。本节活动简化了国际空间站的设计，让学生专注于它不同的外形结构，以及这些结构各自的功能是什么。在本章下一节的活动——绘制你的空间站（活动 3.2）中，学生会继续学习这部分内容。在和全班一起阅读本节内容之前，鼓励学生讨论和回答国际空间站的每个组件可能是做什么的。你可以在如下链接读到更多的关于国际空间站的信息：http：//www.esa.int/Our_Activities/Human_Spaceflight/International_Space_Station/About_the_International_Space_Station

## 所需资源

• 手工材料或工具，如，乐高（可选）

## 有用链接

浏览如下链接：discoverydiaries.org/your-new-home/

可以访问、下载到有助于计划，安排课程的其他信息，如：解决、方案、视频、关联课程和 PPT 演示文稿等。

## 本节活动答案

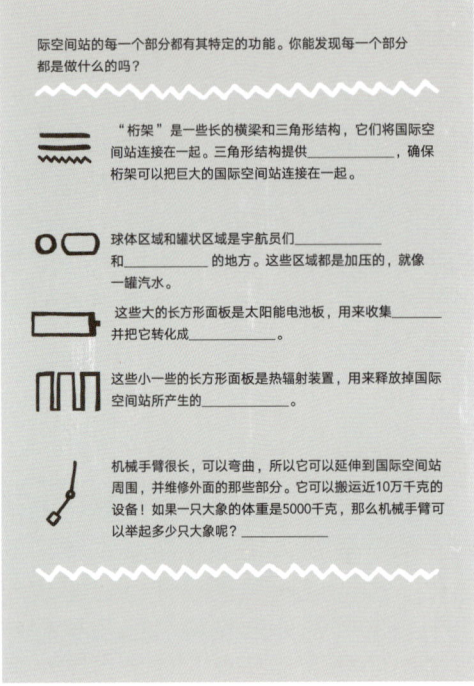

際空间站的每一个部分都有其特定的功能。你能发现每一个部分都是做什么的吗?

"桁架"是一些长的横梁和三角形结构,它们将国际空间站连接在一起。三角形结构提供_____,确保桁架可以把巨大的国际空间站连接在一起。

球体区域和罐状区域是宇航员们_____和_____的地方。这些区域都是加压的,就像一罐汽水。

这些大的长方形面板是太阳能电池板,用来收集_____并把它转化成_____。

这些小一些的长方形面板是热辐射装置,用来释放掉国际空间站所产生的_____。

机械手臂很长,可以弯曲,所以它可以延伸到国际空间站周围,并维修外面的那些部分。它可以搬运近10万千克的设备!如果一只大象的体重是5000千克,那么机械手臂可以举起多少只大象呢? _____

- 三角形结构提供支撑 / 刚度 / 强度,并确保桁架可以把巨大的国际空间站连接在一起。

- 球体区域和罐状区域是宇航员们生活和工作的地方。

- 这些大的长方形面板是太阳能电池板,用来收集太阳光并把它转化成电能 / 电力。

- 这些小一些的长方形面板是热辐射装置,用来释放掉国际空间站所产生的热量。

- 机械手臂可以举起 20 只大象。

## 课堂提问

- 你喜欢在国际空间站生活的哪些方面,不喜欢哪些方面?为什么?

- 为什么国际空间站看起来和地球上的任何一幢大楼都不一样呢?它和你的家或者学校相比有怎样的不同?

## 差异化教学思路

**支持:**

- 鼓励学生使用描述性语言来描述国际空间站。向他们展示国际空间站的照片,并让他们使用形容词来描述它。

- 让学生用塑料积木制作国际空间站的三维模型。他们能用不同颜色来对国际空间站的不同组件上色吗?

**挑战:**

- 鼓励进一步的研究,让学生为国际空间站创建一份指南或者简介。

- 让学生创建一份带标注的国际空间站的图纸或模型,并介绍其每个独立的组成部分以及它们的作用。

# 绘制你的空间站

现在你对新家的各个部分都有了一些了解，我们需要你的设计天赋和工程技能，来为你的新家画一张图纸。

图例

用来支撑的桁架

生活和工作组件

太阳能电池板
用来产生能量

热辐射装置
用来释放热量

机械手臂
用来维修保养

用你选定的颜色为
所有的组件着色。

# 活动 3.2：绘制你的空间站

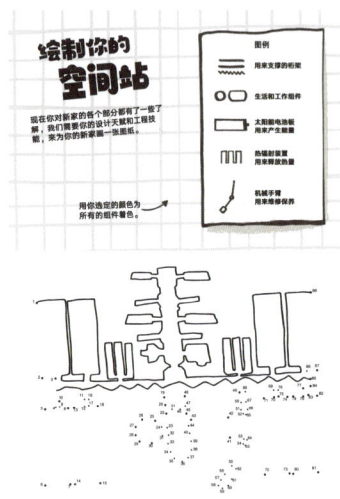

## 背景知识

本节活动建立在活动 3.1 "你的新家" 基础上，它将进一步加深学生对于国际空间站的了解。活动 3.1 向学生介绍了国际空间站的不同部分。现在他们可以知道这些部分是如何结合在一起的，同时学习图例的运用。您可以将地图图例的概念并入活动 6.2："回家之旅"，在那一节，要求学生绘制一张从假想的着陆点返回家园的地图。

## 活动安排

先向学生展示一些国际空间站的图片（类似下面链接中的这种，http：//www.esa.int/images/s132e012208,3.jpg），然后问问学生，他们是否能够在图中找出活动 3.1 中提到的不同组成部分。接下来，他们可以完成本活动中关于各组成部分的连线游戏。

年龄较小的学生可能在数数上需要一些帮助，所以你可以让他们分组进行连线游戏。

连线游戏完成后，分组讨论地图 / 图纸的图例概念。你可以给大家展示一些地图册、地图或是工程图纸的例子。这同样也是一个很好的机会，让学生理解人们如何以及为什么用某种颜色来表达特定含义。

用色彩转盘 https：//de.pinterest.com/pin/556405728936529087/ 让同学们选择适当的颜色来匹配国际空间站不同部分的功能。比如，桁架的作用是提供力量和支撑，可以用黑色或是蓝色标注。太阳能电池板代表着光和热，可以用橙色或是黄色标注。

为了培养学生的能力，您可以给学生看旅游地图或者本地的街道地图，让他们知道如何用图例标识各种地点，比如公共厕所、银行、自动存取款机、邮局、公园等。

接下来让学生画出他们的学校、本地的公园、街区的地图，标注上感兴趣的地点并创建对应的图例。

或者在一张地图上涂掉一部分符号，让学生根据图例来复原地图。

## 所需资源

- 彩色的铅笔或马克笔
- 使用不同图例的样本，比如地图或图纸。

## 有用链接

浏览如下链接：discoverydiaries.org/draw- your-own-iss/

可以访问、下载到有助于计划、安排课程的其他信息，如：解决方案、视频、关联课程和 PPT 演示文稿等。

## 课堂提问

- 使用图例的目的是什么？它对人们有什么帮助？

- 你还能想到用符号或是图形来表示事物的其他例子吗？

- 你能在家里或是学校找到使用图形或是符号代替文字（或与文字同时使用）的例子吗？

- 你为图例选择某种颜色的原因是什么？你想用这些颜色表达什么含义或是情感呢？

- 我们为什么需要用多种方式来表达和交流？

## 拓展 & 数字资源

年龄大些的学生可能会喜欢用国际空间站的拼图来设计自己的彩色编码图。因为要用到剪切等精细动作，可能对年龄较小的学生不合适。

详见如下链接：https://discoverydiaries.org/wp-content/uploads/2020/03/Space- Diary_ISS-Puzzle-Visual-Literacy-Exercise_Ext-3.2.pdf

## 差异化教学思路

### 支持：

- 以班级为单位或是分组制作一个国际空间站的简单模型。制作完成后，对照模型讨论国际空间站不同的部分以及它们各自的功能。

- 为了帮助大家设计图例，让学生看有图标的地图，用颜色表示温度范围的天气预报图等。先安排全班一起讨论，再进入个人设计环节。

### 挑战：

- 如果学生已经为活动 3.1 "你的新家" 创建了模型，经过本节的学习，学生对国际空间站的结构又有了进一步的了解，在此基础上评估和改进他们的模型吧。

- 以小组或班级为单位，询问学生对国际空间站还有哪些好奇的、想知道的内容。让他们提出具体的问题，然后通过自己的独立研究回答这些问题。

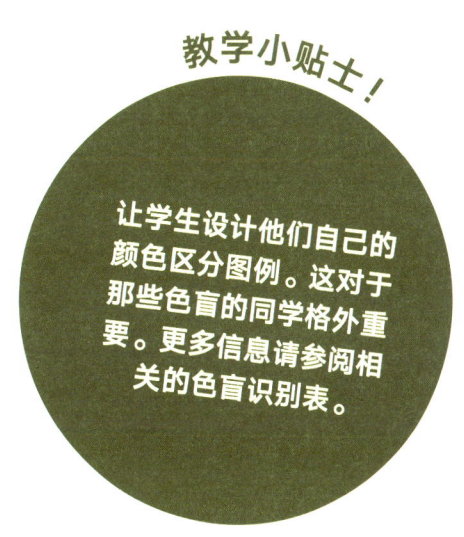

教学小贴士！

让学生设计他们自己的颜色区分图例。这对于那些色盲的同学格外重要。更多信息请参阅相关的色盲识别表。

有笔记吗？

写在这里

# 从太空
# 凝望地球

提姆从太空看到了令人惊叹的地球景色。
他可以看到海洋、山脉、沙漠和城市。
现在，轮到你来观察我们壮观而美丽的母星了！

**我的旅行博文**

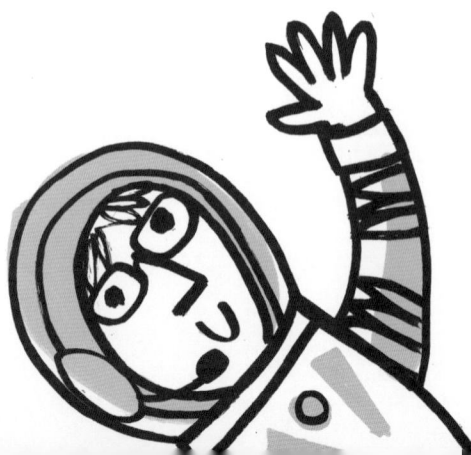

# 活动 3.3：从太空凝望地球

## 背景知识

当提姆·匹克登上国际空间站时，他能以一种常人无法企及的视角回望地球。他目睹了各种各样的奇观，诸如地球的大气层、欧洲冬季的极光、非洲夏季的沙尘暴等等。他从太空俯瞰云层，看到阳光播撒在地球的曲面上。

在国际空间站的基座上有一个卫星摄像机。它可以从国际空间站直播高清视频。它一天能拍到 16 次日出和日落！

## 活动安排

这是一项创作型写作练习，让你的"太空学徒"们选择地球上一个他们从未去过的地方，想象一下，去那里参观会是怎样的一种情形？

他们可以选用一些提姆·匹克在国际空间站中拍摄的照片作为故事的主线。

学生看风光图片时注意到了什么——例如色彩、天气、季节、人口等？

可以看到哪些和家乡不同的特征？

他们可以在旅行博客中描述这个地方吗？

你的"太空学徒"们马上就能看到和提姆以及他的宇航员同伴们看到的一

样的景色了，激动不激动？请记住，如果国际空间站处在一个"夜晚"时区，画面的反馈将是一片漆黑。您可以通过 ISS Tracker 网站查询国际空间站正处于哪个时区，网址如下：

http：//www.isstracker.com/.

这段从国际空间站拍摄的夜间延时摄影，拍到了云层、雷暴和极光。链接如下：http：//www.esa.int/space-invideos/ Videos/2016/04/Powerful_thunderstorms_off_the_coast_of_Sumatra 再去看看提姆在 Flickr 上的主页，他会在那里发布那些他最喜欢的地球照片。链接如下：https：//www.flickr.com/photos/ timpeake/（如果这些照片有美国宇航局或是欧洲航天局的水印，不需要担心，你完全可以免费使用它们，只要注明出自美国宇航局 / 欧洲航天局就好）

## 课堂提问

- 从我们现在的视角，和从太空看我们的学校，最大的不同是什么？

- 在太空中，你想为哪个区域或者哪个地点拍照？

- 你能从国际空间站观察到什么样的天气现象？哪些类型的天气现象只能从太空中看到？

- 白天从国际空间站看地球是什么样子的？ 晚上呢？ 日出或日落看起来又是什么样子的呢？

- 你认为这些年来太空的景色发生了怎样的变化？你能发现灯光的数量、城市的规模、海洋和森林面积的变化吗？

## 差异化教学思路

**支持：**

- 让学生平视和俯视日常用品，鼓励学生从不同的角度看问题。他们能描述其中的差别吗？

- 帮学生想象一下，从太空看地球会是什么样子？问问他们，如果从直升机或是飞机上看学校会有什么不同？

**挑战：**

- 看国际空间站拍摄的天气片段，然后为班级播放当地的、本国的和国际的天气预报。哪里更热，哪里更冷？季节是如何影响温度的？让学生选定地球上的一个特定的季节和特定的地点来写他们的博文。

- 让学生把自己的旅行博客改写为一篇新闻报道。区别两种文体格式，确保学生将不同的读者和不同类型的写作目的纳入考虑范围之内。

### 有用链接

浏览如下链接：discoverydiaries.org/ looking-at-the-earth-from-space/ to

可以访问、下载到有助于计划、安排课程的其他信息，如：解决方案、视频、关联课程和 PPT 演示文稿等。

**教学小贴士！**

要求学生录入他们的博客文章，再将文章添加到一个简单、免费并能够同其他班级分享的博客平台，可以将计算机课程集成到本活动中。

**有笔记吗？**
**写在这里**

# 太阳系

海王星
暴风雨，风又大
又猛！很冷。

土星

天王星

木星

地球

火星

水星

金星

为太阳系中的行星涂颜色，然后为每一颗行星写一份简短报告说明基本情况。

这将帮助你了解我们能去探索哪些星球。

# 活动 3.4：太阳系

### 背景知识

地球所在的太阳系有 8 颗行星，都围绕着太阳运行。还有 5 颗较小行星或"矮行星"，以及 200 多颗已知的卫星。当然，还有一些其他的成员：3319 颗彗星、670452 颗小行星，还有流星、陨石以及围绕地球运行的人造卫星和国际空间站。太阳系中的行星之间有很大的不同：大小不同、重量和温度不同，连组成的成分也不同。

### 活动安排

本节活动将带领大家探索太阳系。学生需要阅读和提取关于太阳系 8 大行星（水星、金星、地球、火星、木星、土星、天王星和海王星）的关键事实。首先询问学生们已经了解了哪些关于每颗行星的内容。

然后让学生在活动手册上写一份行星报告，介绍太阳系中的每颗行星。这将有助于他们了解哪些行星是可以探索的。

我们已经准备了一些关于其他行星的信息，供学生在教室里使用。您可以在《太空日记》网站上找到这些资源：http：//discoverydiaries.org/ exploring-solar-system/.

这也是展开独立研究的好机会。学生可以利用他们的计算机技能来研究行星，确定它们的关键事实，如它们的大小和卫星数量等。

通过学习不同的行星围绕太阳运行的速度有多快，学生可以进一步探索太阳系。让他们用下面的工具计算他们在不同星球上的年龄：http：//theplanets.org/age- on-planets/

### 课堂提问

• 如果人类不能去探访某个行星，还有其他方法来探索它们吗？

• 记住太阳系中 8 大行星顺序的一个顺口溜：Many Vile Earthlings, Munch, Jam, Sandwiches, Under, Newspaper, Piles.[ 许多卑鄙的地球人（M 水星，V 金星，E 地球），咀嚼果酱三明治（M 火星，J 木星，S 土星），躲在报纸堆下面（U 天王星，N 海王星，P 冥王星）]。

[ 编者注：以上为英文首字母匹配

---

**所需资源**

• 连网的计算机

• 各个行星的信息（可选）

• 彩色钢笔和彩色铅笔

**有用链接**

访问如下链接：discoverydiaries.org/the- solar-system/

可以访问、下载到有助于计划、安排课程的其他信息，如：解决方案、视频、关联课程和 PPT 演示文稿等。

的口诀。一个简单的中文例子如：水边（水星）淘金（金星）的地球人（地球），点燃（火星）木柴（木星）烧砖头（土星），给宙斯（天王星）兄弟（海王星、冥王星）修个庙。]

- 现在冥王星已经被踢出了行星的队伍，学生能找到一种新的方法来记住这一顺序吗？

## 差异化教学思路

**支持：**

- 向学生描述一些特征，让他们找到和这些特征相对应的行星。

- 全班一起用形容词去描述不同的行星。学生可以为每颗行星选择适合的词汇

**挑战：**

- 让学生独立或是分小组完成一个标注标签的太阳系模型。如果要增加难度，让他们按照比例制作该模型。

- 让学生为每颗行星准备一份档案，包括它的卫星数量、大小、离地球的距离、名称的含义等。

**教学小贴士！**

拓展锻炼一下学生，让他们完成《火星日记》中的活动2.1：飞向远方，该章节中包含一个太阳系的动画。

有笔记吗？

写在这里

# 第三章：
## 词汇找找看③

找出那些你在本章中学到的单词。

注意：单词可能是正着写、倒着写、或是斜着写的。

**你能发现以下 6 个字母作为开头的单词吗？**

**K O P R S T**

# 第三章：词汇找找看③

| | | | | | | | | |
|---|---|---|---|---|---|---|---|---|
| T | R | U | S | S | E | S | T | V | X |
| E | R | U | T | C | U | R | T | S | F |
| S | K | L | I | D | S | N | C | J | D |
| T | F | E | Q | O | M | I | W | T | D |
| E | Y | D | Y | F | T | I | X | V | Z |
| N | V | U | P | O | V | X | B | T | W |
| A | S | R | B | N | E | H | P | Q | Q |
| L | T | O | E | U | G | U | T | S | D |
| P | R | B | E | S | Y | E | E | O | Y |
| D | Q | E | I | K | B | O | L | M | H |
| V | R | A | J | H | C | O | V | A | D |

## 背景知识

"词汇找找看"是对学生的一个额外挑战，在增强其思维能力的同时，还能丰富他们的科技词汇量。这里没有给出完整的单词表让学生寻找，而是只给出了每个单词的首字母。

## 活动安排

所有隐藏起来的单词都是学生在本章学过的词汇，所以这项活动为他们提供了一个复习和讨论所学内容的机会。为了找到每个单词，首先要看表格下面给出的首字母。学生以班级为单位或结对讨论，分析这可能是哪个或哪些单词。看看大家是否能找出其中的单词。

## 本节活动答案

图例（Key），观察（Observe），行星（Planets），机器人（Robotic），结构（Structure），桁架（Trusses）

## 定义：

图例（Key）：用来解释地图或图纸上细节的符号列表。

观察（Observe）：仔细观看。

行星（Planets）：在一个椭圆形的轨道上围绕着恒星运行的球形天体。

机器人（Robotic）：一种可以通过编程去完成特定任务的机械装置。

结构（Structure）：一个由几个部分组成的建筑物或物体；复杂事物的不同部分或元素的排列。

桁架（Trusses）：使用三角形设计而成的坚固的结构框架。

## 差异化教学思路

**支持：**

• 提供完整的单词供学生查找。

• 大家协作，使用本章节中的词汇创作一首歌。

**挑战：**

• 如果学生已经完成词汇的查找，那么让他们开发一个自己的"词汇找找看"游戏。

## 所需资源

• 供研究之用的计算机，电子设备或是教科书

• 钢笔 / 铅笔

• 尺子

## 有用链接

浏览如下链接：discoverydiaries. org/ activities/ 宇航员 -quiz/

下载有助于计划、安排课程的解决方案、访问链接以及其他信息。

# 第四章
# 太空科学

国际空间站就是一间在太空中围绕地球运行的巨型实验室。在原理号航天任务期间，提姆·匹克参加了超过 250 项实验。现在是时候让你的学生去到实验室进行一些科学发现啦。

## 本章内容

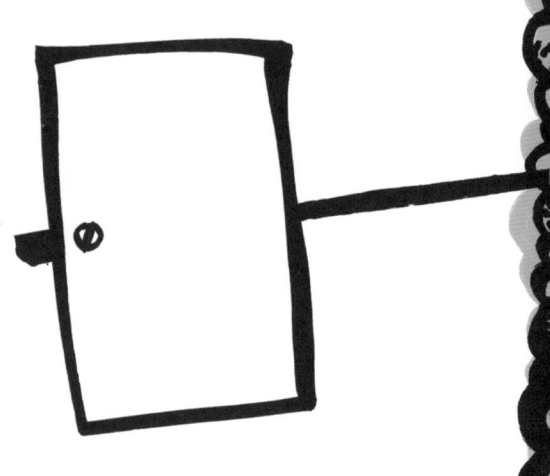

# 太空种植道

在原理号太空任务期间，英国各地的学生纷纷用提姆从太空带回的种子种植芝麻菜。你知道吗，欧洲航天局的科学家已经确定了其他九种适合在太空中生长的可食用植物。猜猜它们都是什么？

大家好，我是利比，我负责协调在国际空间站进行的实验。你能找出哪些可食用的植物适合在太空中生长吗？把你的太空舱变成太空实验室，试试种植这些植物吧！教室变成太空植物并在这里画出你的植物并为它立上标签。

# 活动 4.1：太空种植

## 背景知识

在国际空间站上种植植物是一个重要的研究领域，对拓展未来的太空探索有着巨大的潜力。在太空中种植可食用的植物不但可以让空间站工作的宇航员们获得更丰富的食材，而且也可减少长时间飞行所需的食物储备。另外，对一个长期生活在太空中的宇航员来说，照料植物也有利于他们的情感和精神健康。

国际空间站不是典型意义上的植物园。空间站没有通常花园所具备的东西：土壤、氧气和阳光的照射，所以宇航员要寻找种植植物的新方法。在地球上，植物的茎和叶是朝着光线向上生长的（又称趋光性），而植物的根受重力影响，向着地心的方向生长（称为重力性）。太空没有重力也没有直射的阳光，植物的生长会发生什么变化呢？科学家们对此特别感兴趣。

## 活动安排

本节活动中，学生要考虑影响植物生长的不同因素。引导课堂讨论，分析将种子而不是直接将生长中的植株带上太空的好处。

欧洲航天局 (ESA) 的一个科学家团队已经列出了最适合在太空种植的 10 种植物：大豆、马铃薯、小麦、番茄、菠菜、莴苣、甜菜根、洋葱、大米和螺旋藻。在以下链接中，你可以找到更多关于"为什么这些植物对于宇航员有用"的资料：http : //discoverydiaries. org/veg-in- space/

在小组学习中让同学们基于以下因素为这些植物排名：

- 最适合在太空中生长
- 味道最好
- 最有营养

然后，学生可以在盒子里选择自己最喜欢的植物，并为它贴上特征标签。

## 课堂提问

- 你能设计一个温室（或生态馆），用来在太空中种植植物吗？
- 你会选择种植哪种植物呢？为什么？
- 你为什么想把种子而不是植株送入太空？

## 所需资源

- 彩色钢笔或铅笔
- 访问互联网络
- 一些太空食品：大豆、番茄、小麦和大米（可选）

## 有用链接

浏览如下链接：discoverydiaries. org/ space-gardening/

可以访问、下载到有助于计划，安排课程的其他信息，如：解决方案、视频、关联课程和 PPT 演示文稿等。

### 差异化教学思路

**支持：**

- 给学生带一些植物（或食物样品）到教室。学生能想到一些他们吃过的含有这些食物的食谱吗？

- 如果学校在户外有块空地，可以种植一个"太空花园"，这样学生就可以观察到自己种植的蔬菜的生长情况了。

**挑战：**

- 让学生观察影响植物生长的因素，讨论这些变量（光、水、土壤、叶片、空气、空间、温度等），然后给每个小组一个变量进行深入研究。让他们在接下来的几个星期中，持续对比稳定环境下的植物和变动环境下的植物的生长情况。

- 学生通过观看在太空中对植物进行的一些实验，研究重力在植物生长中的作用，并向全班提交一份报告。

**教学小贴士！**

举办一场"太空盛宴"能很好地把学到的知识和生活相结合。如果可能的话，准备一些菜肴（或者请父母帮忙），注意要使用那些适合在太空生长的食材。

**有笔记吗？**
**写在这里**

_____
_____
_____
_____
_____
_____
_____
_____
_____
_____
_____
_____
_____

# 在太空中
# 从排泄水到饮用水

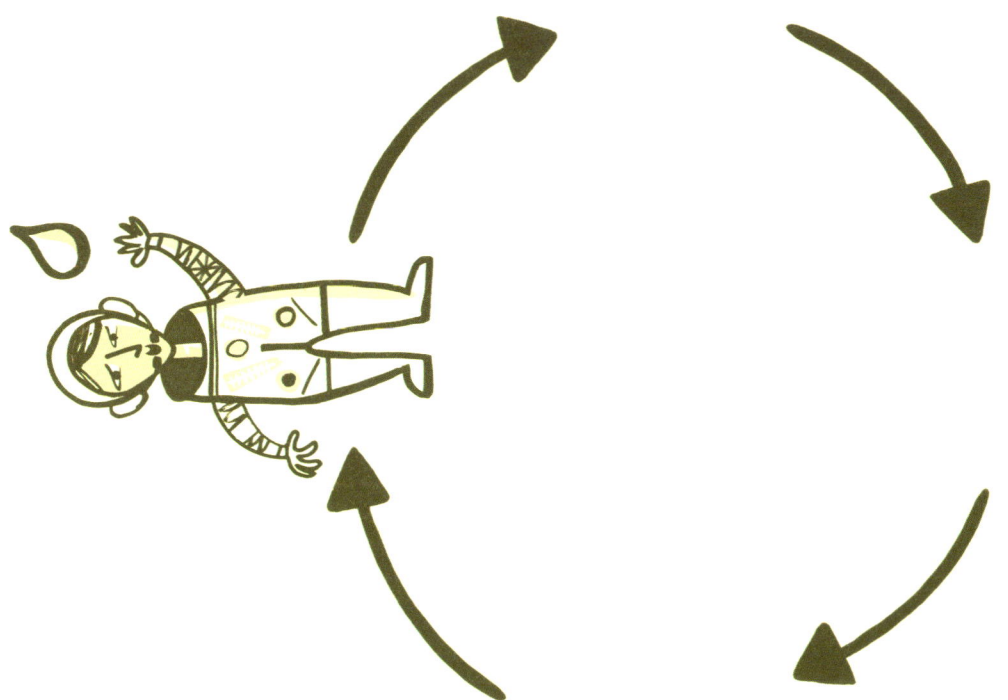

宇航员和我们在地球上一样，都需要水来清洁牙齿、洗手、饮用和备餐。

用绘画或者写作的方式描述这一滴水的生命周期，展示宇航员在国际空间站上如何使用和回收再利用这种珍贵的液体。从一名宇航员喝下一杯水开始。接下来会发生什么？

# 活动 4.2：在太空中溅起水滴

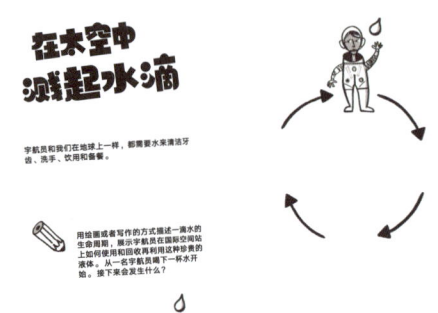

宇航员和我们在地球上一样，都需要水来清洁牙齿、洗手、饮用和餐饮。

用绘图或者写作的方式描述一滴水的生命周期，展示宇航员在国际空间站上如何使用和回收再利用这种珍贵的液体。从一名宇航员喝下一杯水开始。接下来会发生什么？

## 背景知识

就像在地球上一样，水在国际空间站上也是人类生存至关重要的因素，也非常稀缺。水很重，把水送入太空的成本很高。宇航员们和我们一样需要用水：不管是饮用、清洁、刷牙还是清洗他们的食物。国际空间站上没有水龙头，水都会被仔细地回收利用。

在本活动的练习中，学生将要思考宇航员喝下去的水会发生什么变化，存在于尿液、呼吸、冷凝水和汗液中的水份是如何循环利用的。国际空间站上连动物的呼吸都是循环利用的！

## 活动安排

让我们从观看录像开始，提姆将在录像中演示水在零重力环境下的变化。请注意，这不是提姆弄出来的一个泡泡，而是一个水球！链接如下：http：//www.bbc.co.uk/news-round/35299919

让学生想想看，国际空间站上水的有哪些可能的用途，水是如何在各种用途之间循环利用的。你可以让学生思考一下他们自己的尿液怎么被循环利用（这样的对话无疑会引起他们的注意），以及水处理厂起了哪些作用。

在互联网上可以找到简单明了的水处理流程图，举个例子，见如下链接：https：//www.thameswater.co.uk/help-and-advice/water-quality/how-we-look-after-your-water/drinking-water-treatment

考虑到国际空间站上的水资源是何等珍贵——联系到地球上的情况，两者是何等的相似。正因如此，我们要循环利用水资源：使用后对水再次净化。组织课堂讨论，探讨国际空间站该如何使用水。学生能否想到好主意，让用过的水循环到另一个环节再次使用？显然，国际空间站上没有大型水处理厂，但也会对水进行类似的处理。

让学生思考一下，国际空间站上的一滴水会经历什么。活动可以分组进行，让孩子扮演水滴的角色，并解释水滴在生命旅程的每个阶段发生了什么。

学生接下来应该完成水循环的生命周期图，并对每个阶段做出解释：

（1）宇航员喝下了一杯水。

（2）水分蒸发（通过宇航员呼吸释放出来）、废水（从排尿和清洁过程中产

## 所需资源

• 用来制作生命周期卡的纸板和马克笔。

## 有效链接

discoverydiaries.org/make-a-splash-in-space/

可以访问、下载到有助于计划、安排课程的其他信息，如：解决方案、视频、关联课程和 PPT 演示文稿等。

生）被水回收系统收集。

（3）水由净化系统净化。

（4）宇航员可以从补水站的净水机接水饮用。

## 课堂提问

- 在地球上我们有哪些物资回收的方法？为什么我们要回收？

- 在国际空间站还回收哪些其他的物质？提示：宇航员无论在国际空间站里还是进行太空行走都需要呼吸。

- 地球上的饮用水来自哪里呢？这和提姆·匹克所喝的水有什么不同？

- 在国际空间站上，水非常的珍贵，不能有一点浪费。在地球上我们采取了哪些方法来减少水资源的浪费？

## 差异化教学思路

### 支持：

- 在卡片上打印出水的生命周期，帮助学生对水滴的生命旅程进行排序。

- 全班一起，做一个"袋子里的水循环"，把它挂在窗户上，观察其在一周内的变化。

### 挑战：

- 将班级分成小组，每个小组创建自己的"袋子里的水循环"。学生每天观察并记录他们的发现，持续一个星期。

- 学生挑战，让他们写下水滴生命周期的观察日记。

教学小贴士！

本活动是一个引发学生思考地球上的水资源利用的好办法。让他们所有人都去发现在家或是学校可以循环利用水资源的方法。

有笔记吗？

写在这里

你的实验会是什么样子？把它画下来并做好注释吧。

# 设计你的实验

提姆在国际空间站做了很多实验，比如急速旋转，来看自己在太空中是否会感到头晕。现在，是时候去做你的第一个实验了！

我想知道……

我将需要用到以下材料：

我的实验方法是：

我预计……

# 活动 4.3：设计你的实验

## 背景知识

在国际空间站的任何时刻，都有超过 150 个正在进行中的实验，由来自世界各地的研究人员参与其中。提姆承担的实验项目中，有一些就是由英国的学生通过"AstroPi"项目、宇宙射线实验项目和火箭科学实验项目申请而立项的。成千上万的学生帮助提姆种植太空生菜。提姆的身体也是个实验！他从太空返回地球后，医生们从他身上提取血液和其他医学样本进行分析。

## 活动安排

如果结合一系列涵盖调查研究过程的课程，本活动将取得更好的效果。

首先，带领全班讨论他们想研究哪些事情。引导学生思考他们可以在太空中研究的问题——也许他们也可以想想，随实验地点的不同，实验结果会发生哪些变化。

收集各种想法，如这些已经在国际空间站上进行过的实验：

- 蜘蛛能在太空中织网吗？

- 太空中玫瑰的气味会改变吗？

- 在长时间的太空任务中，老鼠会有什么变化？

- 火在太空中会是什么样子？

- 如何在太空中泡一杯咖啡？

学生应该分组讨论收集到的想法，实现这些想法可能需要什么设备，以及他们设想的结果是什么。一些学生也许能够说清楚实验结果在国际空间站和地球上会有何不同。

引导学生完成实验步骤，让他们了解如何计划实验过程，学生的年龄大小决定了你需要付出多少精力来指导他们。

如下网站有很多很好的小贴士：http：//www.sciencekidsathome.com/science_fair/index.html

## 课堂提问

- 哪些因素会限制太空实验的种类？（成本、伦理、设备的大小；对船员可能带来的风险；培训、样品返回、结果分析的难度）

- 我们为什么要进行科学实验？

### 所需资源
- 头脑风暴所需要的纸张和马克笔（可选）

### 有用链接
浏览如下链接：discoverydiaries.org/ experimentally-yours/

可以访问、下载到有助于计划、安排课程的其他信息，如：解决方案、视频、关联课程和 PPT 演示文稿等。

- 进行实验的主要步骤是什么？

- 你在学校有哪些科学工具？ 你认为提姆·匹克在国际空间站上可能使用什么样的工具？

- 为什么要把相同的实验重复进行几次？

- 设计一个你在学校至少可以做三次的实验，看看结果是否都是一致的。

## 拓展 & 数字资源

我们准备了一些额外的材料为本活动助力，你可以从如下链接进行下载：http：// discoverydiaries.org/activities/ experimentally-yours

这些内容都是由教师克莱尔·卢修斯（Claire Loizos）开发的。

## 差异化教学思路

**支持：**

- 在课堂上鼓励学生提出一些可以进行研究的主题，或如何回答科学问题的一些想法。全班一起或者分成若干个能力混搭小组去设计实验。

**挑战：**

- 向学生介绍"公平实验"和变量的概念。让学生思考如何控制实验中的变量。

- 挑战学生，让他们思考既可以在地球也可以在国际空间站上进行的实验。想想由于实验地点的差异，结果会有什么不同？

**教学小贴士！**

本活动是向年轻学生介绍科学设备和词汇的好方法。在课堂上展示贴有标签的设备，让学生头脑风暴不同部件的用途。

有笔记吗？

写在这里

# 第四章：
## 词汇找找看④

找出那些你在本章中学到的单词。

注意：单词可能是正着写、倒着写、或是斜着写的。

**你能发现以下 6 个字母作为开头的单词吗？**

D D E L L M

# 第四章：词汇找找看④

| | | | | | | | | | |
|---|---|---|---|---|---|---|---|---|---|
| Y | Z | E | U | A | Y | M | N | E | Y |
| U | R | Q | L | Q | A | A | D | E | R |
| M | B | O | G | Z | N | M | L | S | E |
| V | E | J | T | Z | G | C | G | K | V |
| Y | G | T | W | A | Y | S | W | J | O |
| B | Y | D | H | C | R | W | Y | K | C |
| O | Q | Y | E | O | V | O | I | I | S |
| B | V | F | G | U | D | A | B | I | I |
| D | I | A | G | R | A | M | H | A | D |
| L | P | A | E | D | A | J | N | D | L |
| T | N | E | M | I | R | E | P | X | E |

实验（Experiment），实验室（Laboratory），生命周期（Lifecycle），方法（Method）

## 背景知识

"词汇找找看"是对学生的一个额外挑战，在增强他们思维能力的同时，还能丰富他们的科技词汇量。这里没有给出完整的单词表让学生寻找，而是只给出了每个单词的首字母。

## 活动安排

所有隐藏起来的单词都是学生在本章学过的，这项活动为他们提供了一个复习和讨论所学内容的机会。要找到每个单词，首先要看表格下面给出的首字母。学生以班级为单位或结对讨论，分析这可能是哪个或哪些单词。看看大家是否能找出其中的单词。

## 本节活动答案

图解（Diagram），发现（Discovery），

## 定义：

图解（Diagram）：解释或表示特定信息的绘图或图形。

发现（Discovery）：发现信息的过程，特别是第一次。

实验（Experiment）：为发现、检验假设或证明已知事实而采取的科学程序。

实验室（Laboratory）：进行科学实验的建筑物或空间。

生命周期（Lifecycle）：在生物体存在过程中发生的各种变化。

方法（Method）：完成某件事的特殊程序。

## 差异化教学思路

**支持：**

- 提供完整的单词供学生查找。
- 大家协作，使用本章节中的词汇创作一首歌。

**挑战：**

- 如果学生已经完成词汇的查找，那么让他们开发一个自己的"词汇找找看"游戏。

### 所需资源

- 供研究之用的计算机，电子设备或是教科书
- 钢笔／铅笔
- 尺子

### 有用链接

访问如下链接：discoverydiaries.org/ activities/astronaut-quiz/

下载有助于计划、安排课程的解决方案、访问链接以及其他信息。

该指南由获奖小学教师克莱尔·洛伊佐斯（Claire Loizos）撰写，本书为鼓励女孩参与STEM项目提供了创造性的想法和实践的资源，会给你带来许多灵感，使科学对所有的学生来说变得有趣又有收获，不受性别的限制。

"所有的这些想法都是基于第一手的经验，课堂观察和研究，这本小册子也特别根据学生的意见进行了评估和调整。"

—— 克莱尔·洛伊佐斯，小学教师

# 第五章
# 勇往直前

为了引导学生更广泛深入地了解太空探索，本章将让学生研究太空探索的历史，思考人类开辟另一个宜居行星将面临哪些挑战，并了解机器人在太空任务中所承担的角色。

## 本章内容

### 5.1 书写历史
研究太空探索中的一些重要事件，
并确定所涉及的人物和国家。
> 科学 + 历史

### 5.2 太空定居点
在考虑一个星球的独特条件之后，
设计一个能够支持人类生存的太空定居点。
> 科学 + 艺术

### 5.3 太空机器人
了解机器人在太空探索中的应用，
然后设计一个用于执行特定任务的机器人。

# 书写历史

第一批宇航员于2000年抵达国际空间站，这是在你出生前多少年？完成如下时间轴，在上面加上你的家人、朋友和你自己的生日，找出你的生日在这个时间轴上的位置。

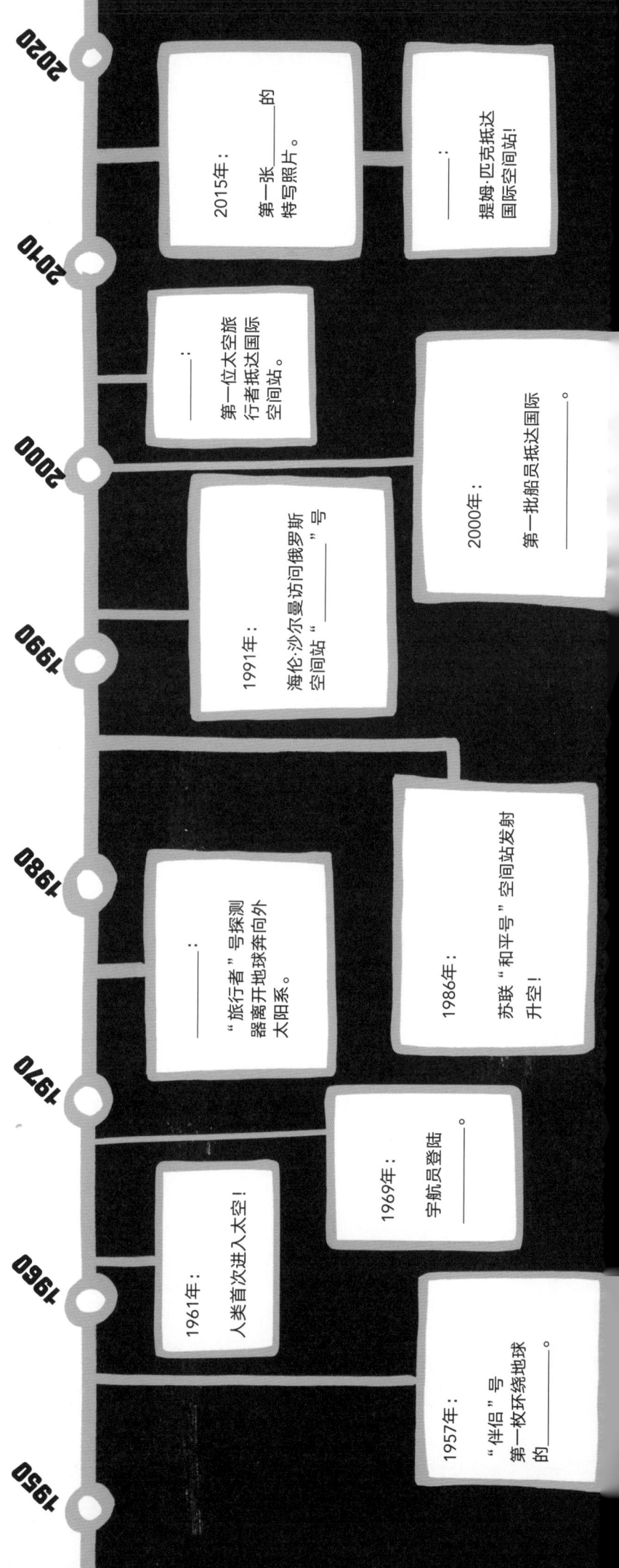

**2020**

2015年：第一张____的____特写照片。

____：提姆·匹克抵达国际空间站！

____：第一位太空旅行者抵达国际空间站。

**2010**

**2000**

2000年：第一批船员抵达国际____。

1991年：海伦·沙尔曼访问俄罗斯"____"号空间站。

**1990**

____："旅行者"号探测器离开地球奔向外太阳系。

1986年：苏联"和平号"空间站发射升空！

**1980**

**1970**

1969年：宇航员登陆____。

1961年：人类首次进入太空！

**1960**

1957年："伴侣"号第一枚环绕地球的____。

**1950**

# 活动 5.1：书写历史

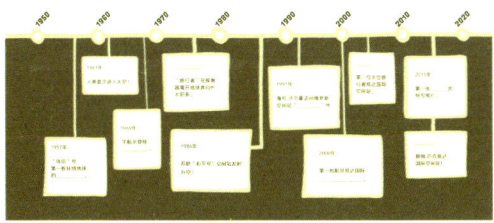

第一批宇航员于2000年抵达国际空间站，这是在你出生前多少年？完成如下时间轴，在上面加上你的家人、星友和你自己的生日，找出你的生日在这个时间轴上的位置

## 背景知识

太空探索时间轴的起点始于上世纪 50 年代。这是一段激动人心的历史，直到今天还在延续。提姆·匹克访问国际空间站又为太空史添加了新的一页。未来，更多计划中的太空任务将陆续被添加到太空探险时间轴上。谁知道呢，你学生中的某一位也许就是下一位主人公！

## 活动安排

你可以和学生讨论时间轴的尺度，帮助他们理解如何将不同的时间点绘制在上面。你可以在操场上用粉笔画一条时间轴，上面包括学生出生的年份，让他们站在代表他们生日的位置上，以此标示时间点。

在"书写历史"的时间轴上，学生先在时间轴上标出自己以及家人的生日，然后再标出与这些出生日期相对应的太空事件。

这给学生提供了一个绝好的机会，他们可以和家人、朋友聊聊最喜欢的太空记忆，研究不同的太空纪念日。"太空学徒"们可以通过添加图片、引用来自不同任务和不同太空探索者的名言，让他们的时间轴变得生动起来。

或者可以在教室墙上画一条时间轴，每个人都可以在上面添加内容。还可以使用类似如下链接中的应用程序，创建一个交互式时间轴。

链接如下：http：//www.read-writethink.org/ classroom-resources/ mobile-apps/ timeline-b-31047.html.

学生可以进一步地探索太空历史：

- 太空探索时间轴参见如下链接：http：//www.spacekids.co.uk/spacehistory/ and：http://www.timetoast.com/timelines/space- exploration-timeline-dfd0454b- b6c7-4d07-9de0-262e90abc550

- 有关太空探索历史的动画短片参见如下链接：https：//youtu.be/_hO6WpwFpf8

- "旅行者"号任务的照片参见如下链接：voyager.jpl.nasa. gov/gallery/

- "新视野号"(New Horizons) 任务在木星和柯伊伯带（Kuiper Belt）拍摄的照片参见如下链接：https：//

---

**所需资源**

- 计算机（可选）

**有用链接**

访问如下链接：discoverydiaries. org/making- history-2/

可以访问、下载到有助于计划、安排课程的其他信息，如：解决方案、视频、关联课程和 PPT 演示文稿等。

www.nasa.gov/mission_pages/ newhorizons/images

伦·沙尔曼（Helen Sharman）。（学生可以为其中一人制作一本传记）

## 本节活动答案

卫星；月球；1977 年；和平；空间站；2001 年；冥王星；2015 年

## 课堂提问

- 是什么导致了太空竞赛？为什么人类进入太空突然变得如此重要？

- 时间轴上还可以加入哪些其他条目：进入太空的第一位女性是谁，首次太空行走的是谁，进入太空的第一只动物是什么？

- 你认为未来五年中太空旅行会发生些什么？

- 太空探索历史上发生过一些令人悲伤的灾难，比如"哥伦比亚"号和其他一些航天飞机的事故。这些事故对太空旅行产生了哪些影响？

- "旅行者"号的每一次任务都携带一张"金光盘"到太空，里面记录有地球的声音和图像。你会把什么内容放到"金光盘"中为我们的星球代言呢？

- 还有哪些英国出生的宇航员，在什么时候到访过太空？可以研究一下迈克尔·福尔（Michael Foale）、尼克·帕特里克（Nick Patrick）、理查德·加略特（Richard Garriott）、皮尔斯·塞勒斯（Piers Sellers）、海

## 差异化教学思路

**支持：**

- 让学生把对他们有意义的日期标注在时间轴上，比如他们的出生年份或开始上学的年份，以帮助他们创设情境。

- 让学生邀请他们年长的长辈来到班级，分享他们记忆中的太空探索里程碑。

**挑战：**

- 让学生研究空间探索的其他突破，并将这些时间点添加到教室墙上的时间轴上。

- 让学生以一位太空探索史上重要人物的身份写一则日记，结合科学、历史和英文的学习内容。

### 教学小贴士！

在教室的墙上画一个时间轴，这样学生就可以将其他重要的里程碑事件添加进去。您甚至可以把它追溯到公元 1500 年，以包含那些早期的天文发现。

**有笔记吗？**

**写在这里**

_____

_____

_____

_____

_____

_____

# 太空居民点

是时候拜访你的太空邻居了。回到你的太阳系报告，选择一颗行星来建造新家。把你的太空城画在这里，别忘了画上那些能帮助你在该星球条件下生存的必需品。

# 活动 5.2：太空定居点

太空定居点

是时候拜访你的太空邻居了。
回顾你的太阳系报告，选择一颗行星来建造新家。把
你的太空城画在这里，别忘了画上那些能帮助你在该
星球条件下生存的必需品。

## 背景知识

本活动鼓励"太空学徒"们思考之后选一颗行星来建造他们的太空家园。您可以讨论一下"宜居带"（Goldilocks Zone）以及我们在另一个星球上生存下来所需的条件。你可以在这里回顾一下我们太阳系的情况，链接如下：http：// discoverydiaries.org/exploring- solar-system/.

## 活动安排

让学生讨论行星上的大气、温度、重力、水的获取以及昼夜长短等问题。

斯蒂芬·霍金（Stephen Hawk-ing）的视频提出了许多这样的问题，链接如下：https：//www.youtube.com/watch?v=n4uT3rTSty4

全班一起讨论建立一个外星定居点需要什么。

查看如下链接中的图库以获取灵感：https：// www.theguardian.com/cities/gallery/2014/may/16/a-cosy-little- house-on-mars-cities-in-space-in- pictures

学生可以画出自己心目中的太空城，你可以使用乐高积木或手工材料来制作一个三维的未来定居点。你也可以邀请学生使用计算机程序来为他们的城市建模。

## 课堂提问

- 你如何在你的新家园种植食物？
- 你想在这个星球上制定什么样的法律和规则？
- 定居另一个星球的利弊各是什么？
- 定居在一颗新的星球最大的风险是什么？

## 所需资源

- 供研究之用的计算机，电子设备或是教科书
- 钢笔／铅笔
- 格尺

## 有用链接

访问如下链接 discoverydiaries.org/activities/astronaut-quiz/

下载有助于计划、安排课程的解决方案、访问链接以及其他信息。

## 差异化教学思路

**支持：**

- 全班一起头脑风暴一下城市的重要设施，如住房、食品生产、发电、交通、医疗保健、娱乐等。这将帮助学生为他们的城市做好规划。

- 年龄较小的学生可以仅仅描绘他在太空的家，而不是整个城市。

**挑战：**

- 与计算机通信与技术（ICT）课程衔接，让学生使用绘图软件设计城市。

- 让学生创作一条广告，说服人们到他们的太空城定居，广告应该突出他们城市设计中的特色。

**教学小帖士！**

为了将设计与技术（D&T）和艺术融入本活动，为学生提供小盒子和手工材料，让他们为自己的太空定居点创建一个三维的模型。

有笔记吗？
写在这里

我是彼得，一名机器人专家。你能设计一个机器人来帮助我们探索你的新太空定居点吗？

# 太空机器人

机器人在太空中真的非常有用。它们可以做很多不同的工作，其中有些工作对人类来说太难或太危险了。你会选用哪种机器人来探索你的新家呢？

**火星漫游车**
勇敢的探险家

**太空望远镜**
远距离摄影师

**月球公交车**
太空巴士

**太空探测器**
探测设备

**机器宇航员**
你的机器人朋友

**月球车**
人类运载器

# 活动 5.3：太空机器人

## 背景知识

机器人在太空中真的非常非常有用。它们可以做很多不同的工作，其中有些工作对人类来说太难或太危险了。

机器宇航员是一种机器人，将来会被用于太空行走或舱外活动。机器宇航员的外形像人，由操作人员用电脑控制。2011 年，机器宇航员 2 号（或称 R2）抵达国际空间站。R2 拥有像人类一样的手臂和手指，可以执行高度灵巧、敏捷的任务。工程师和科学家现在正在为 R2 开发机械腿，以便它在国际空间站内外均能执行任务。

机械臂用于帮助处理货物，检查国际空间站和航天器的损坏情况。目前国际空间站使用的机械臂被称为加拿大机械臂 2 号（Canadarm 2）。它长 17.6 米，重 1800 千克。它可以举起 116000 千克的重量！它是一个智能系统，可以定位自己的位置，并像尺蠖一样移动到国际空间站的不同部位。

太空探测器是一种无需宇航员就能探测其他行星、小行星或彗星的航天器。它由人类在地球上控制，它们能提供诸如温度、辐射、磁场、行星的大气组成、土壤成分和是否有水存在等信息。

太空望远镜，如哈勃太空望远镜（The Hubble Telescope），详见如下链接：http：//hubblesite. org，提供了令人惊叹的太阳系图像。哈勃望远镜计划于 2018 年被詹姆斯·韦伯太空望远镜（the James Webb Space Tele-scope）所取代（译者注：该计划已延期，后者发射升空日期未定）。详见如下链接：http：//www.jwst.nasa.gov

这些望远镜帮助我们了解恒星的诞生和死亡，以及系外行星的存在。

月球车也被称为月球漫游车（LRV），于 1971 年和 1972 年在"阿波罗"计划中被用来扩大宇航员在月球探索的距离。

火星生命漫游车曾被用来探测和绘制这颗红色星球的地图。《国家地理》杂志制作了一个片段，记录了火星车在探索火星地貌时的样子。详见如下链接：http：//video. nationalgeograph-ic.com/video/ mars-rovers-sci.

### 所需资源

- 联网的计算机
- D&T 和电气设备（可选）

### 有用链接

浏览如下链接：discoverydiaries. org/robots- in-space/

可以访问、下载到有助于计划、安排课程的其他信息，如：解决方案、视频、关联课程和 PPT 演示文稿等。

## 活动安排

　　本活动将介绍机器人在太空探索中的重要性。学生可以通过阅读背景资料来了解机器人在太空的用途。在他们动手设计自己的机器人之前，进行相关研究。你能设计一个机器人来帮助我们探索你的新太空定居点吗？思考一下机器人可能的用途，然后为你的机器人添加这些功能。确保你清楚地标注了你的设计方案。

　　通过如下渠道，学生可以进一步研究太空机器人的用途：

　　来自欧洲航天局关于国际空间站的机器人手臂的信息，详见如下链接：http：//www.esa.int/ Our_Activities/ Human_Spaceflight/ International_ Space_Station/ European_Robotic_ Arm

　　火星探索的相关信息，详见如下链接：http：//exploration.esa.int/ mars/

　　驾驶科学博物馆的漫游车（Rugged Rovers）探索火星，该应用程序，可用于 iPhone、iPad 和 Android。详见如下链接：http：//www. science-museum.org.uk/online_ science/apps/rugged-rovers

## 课堂提问

- 为什么机器人在空间探索中很有用？他们能做什么人类做不到的事情？

- 在使用机器人代替人类进行探索的过程中，可能会出现哪些问题？

- 机器人或人类应该探索其他行星吗？

- 你会让机器人同伴为你做什么？你不会让它为你做什么？

- 你最喜欢哪种太空机器人？ 为什么？

- 你为什么要把机器人探测器，而不是人类，送到遥远的行星？

**有笔记吗？**

**写在这里**

## 拓异化教学思路

**支持：**

- 全班一起，选择设计一种特定类型的机器人。讨论设计这个机器人的目的是什么，它将在太空探索中起什么作用。基于此，确定为了发挥其作用所需的特性。

**挑战：**

- 要求学生为机器人编写一本说明手册，介绍它的特点和功能。
- 要求学生研究太空中使用的不同机器人，并创建简介档案或演示文稿。

**教学小贴士！**

让学生重温活动 5.2 中的太空定居点，回想在他们所选的星球上，什么类型的机器人可能有用。

找出那些你在本章中学到的单词。

注意：单词可能是正着写、倒着写、或是斜着写的。

| P | B | G | R | E | P | O | R | T | C |
|---|---|---|---|---|---|---|---|---|---|
| P | T | M | V | N | C | L | I | M | X |
| G | F | H | I | I | S | Q | M | K | Y |
| E | W | R | M | L | W | E | H | L | K |
| Q | C | S | I | E | D | A | P | P | J |
| K | O | I | W | M | B | C | R | U | S |
| C | O | N | D | I | T | I | O | N | S |
| F | Z | U | T | T | M | A | B | L | U |
| J | Q | A | U | T | X | A | E | U | K |
| I | T | C | Y | A | L | W | N | W | N |
| C | P | T | V | R | Q | H | F | N | L |

**你能发现以下 6 个字母作为开头的单词吗？**

# C C H P R T

# 第五章： 词汇找找看⑤

| P | B | G | R | E | P | O | R | T | C |
| P | T | M | V | N | C | L | I | M | X |
| G | F | H | I | I | S | Q | M | K | Y |
| E | W | R | M | L | W | E | H | L | K |
| Q | C | S | I | E | D | A | P | P | J |
| K | O | I | W | M | B | C | R | U | S |
| C | O | N | D | I | T | I | O | N | S |
| F | Z | U | T | T | M | A | B | L | U |
| J | Q | A | U | T | X | A | E | U | K |
| I | T | C | Y | A | L | W | N | W | N |
| C | P | T | V | R | Q | H | F | N | L |

## 背景知识

　　"词汇找找看"是对学生的一个额外挑战，在增强其思维能力的同时，还能丰富他们的科技词汇量。这里没有给出完整的单词表让学生寻找，而是只给出了每个单词的首字母。

## 活动安排

　　所有隐藏起来的单词都是学生在本章学过的词汇，这项活动为他们提供了一个复习和讨论所学内容的机会。要找到每个单词，首先要看表格下面给出的首字母。学生以班级为单位或结对讨论，分析这可能是哪个或是哪些单词。看看大家是否能找出其中的单词。

## 本节活动答案

　　条件（Conditions），宇宙的（Cosmic），定居点（Habitat），探测器（Probe），报告（Report），时间轴（Timeline）

## 定义：

　　条件（Conditions）：特定情况的先决要求。

　　宇宙的（Cosmic）：与宇宙相关的

　　定居点（Habitat）：生物体的自然家园。

　探测器（Probe）：收集宇宙信息的无人航天器。

　　报告（Report）：对所研究事物的书面或口头描述。

　　时间轴（Timeline）：一种时间的视觉表示，用以记录重要的事件。

## 差异化教学思路

### 支持：

- 提供完整的单词供学生查找。

- 大家协作，使用本章节中的词汇创作一首歌。

### 挑战：

- 如果学生已经完成词汇的查找，那么让他们开发一个自己的"词汇找找看"游戏。

---

### 所需资源

- 供研究之用的计算机，电子设备或是教科书

- 钢笔／铅笔

- 格尺

### 有用链接

访问如下链接 discoverydiaries.org/activities/astronaut-quiz/

下载有助于计划、安排课程的解决方案、访问链接以及其他信息。

# 第六章
# 任务尾声

从太空安全返回地球是一项富有挑战性的任务，需要仔细规划。在本章中，学生练习他们的编码和地理技能，同时也运用读写能力来回顾他们假想中的飞往国际空间站的任务。

## 本章内容

### 6.1 重返地球
像程序员一样思考，确定一条从国际空间站返回地球的路线。
> 科学 + 编程

### 6.2 回家之旅
确定一个合适的着陆地点，然后绘制一张地图，显示从那里回家的路线。
> 科学 + 地理

### 6.3 寄往太空的明信片
给仍在国际空间站工作和生活的宇航员们写一张明信片。
> 科学 + 读写

# 重返地球

是时候告别空间站了！你已经搭乘联盟号飞船离开国际空间站，准备降落了。抓紧扶手——迎接你的将会是一段颠簸的旅程。

我是理查德，一名太空垃圾专家。请帮助我引导返回舱返回地球。不要和任何漂浮碎片发生碰撞。

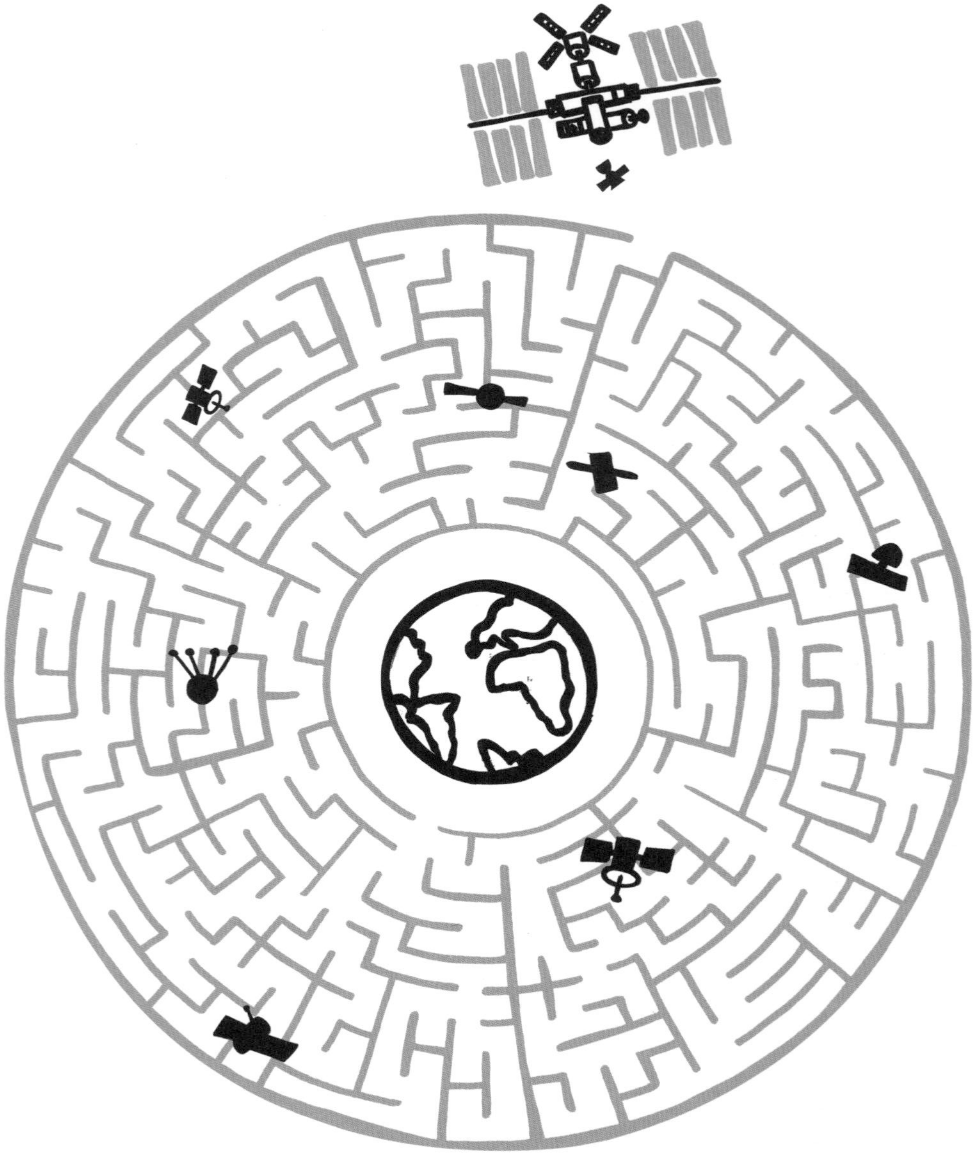

# 活动 6.1：重返地球

## 背景知识

返回地球（即"重返地球"）是本次任务中最复杂和最危险的部分。

如果你特别想了解这部分内容，可以观看欧洲航天局提供的视频，全面了解细节，里面有亲历过航行的宇航员的第一手资料。关于返回地球的活动简要介绍如下：

- 在返回前一周左右，宇航员和任务控制中心要进行演习，以确保每个人都知道他们要做什么。他们还要测试索科尔宇航服，以确保没有其泄漏点。

- 在出发当天，宇航员登上特殊的航天器——联盟号飞船。联盟号与国际空间站相连，它与国际空间站分开的过程称为"分离"，即"脱离对接"（在第一章，当提姆到达国际空间站时，我们曾了解过"交会"）。

- 联盟号与空间站分离，宇航员点燃发动机，使其进入正确的轨道。然后它绕地球轨道运行一圈，从另一个轨道上飞过国际空间站，确保两者不会发生碰撞。

- 联盟号穿越地球大气层奔向地球，并在该过程中不断加速。随着速度的增加，宇航员开始感觉到过载（G-force）。在他们重新感受到重力时，他们的身体承受着巨大的压力。

- 在着陆前约 30 分钟，大约 140 千米的高度，联盟号分解为三部分。中间部分——也就是宇航员所在的地方——是唯一会返回地球的部分。其他部分将在地球大气层中解体。

- 联盟号发射出降落伞，以降低落地时的速度和航天器撞击到地面时的冲击力。宇航员们被绑得非常紧，且有减震器保护，但着陆还是很危险的！紧急救援人员在一旁待命，随时准备帮助宇航员们脱离联盟号。

重返地球是经过精心计划的，但确实有很多风险。主要有：漂浮的太空垃圾碎片、过热、过载和偏离航道的着陆。请参阅本章结尾处的扩展说明，了解这些内容的更多信息。

## 活动安排

本活动将要求学生思考重返地球的复杂性以及给飞船中的宇航员带来的危险，并列举宇航员回家途中面临的一系

## 所需资源

- 可以访问互联网的计算机

## 有用链接

浏览如下链接：discoverydiaries. org/re- entry/ 可以访问、下载到有助于计划、安排课程的其他信息，如：解决方案、视频、关联课程和 PPT 演示文稿等。

列困难。这个迷宫代表着回家之旅，学生要引导飞船通过这个迷宫，在重返地球的途中绕过而不去触碰任何周围的太空中漂浮的碎片。学生可以通过以下活动进一步加深对重返地球的理解：

- 让学生用鸡蛋、降落伞、气泡纸等创造自己的着陆舱。
- 学生可以利用如下链接中的活动，创建自己的隔热罩。Http : // www. spacetoearthchallenge.org. uk/ materials-how-smart-materials- are-used-resources/

## 本节活动答案

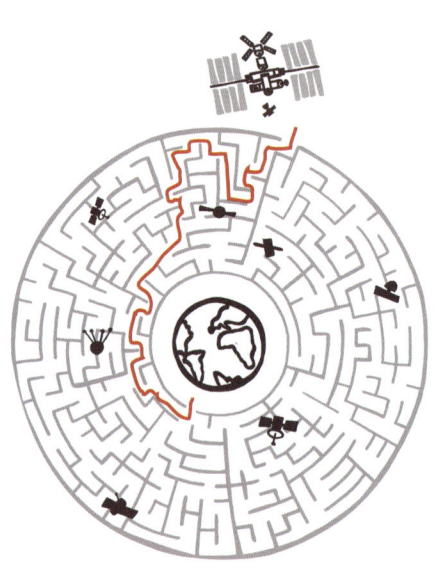

## 课堂提问

- 你认为重返地球最危险的部分是什么？
- 你觉得宇航员们在返回地球的过程中会有什么感受？会有不止一种情绪吗？
- 当你返回地球后，你想做的第一件事是什么？
- 为什么宇航员在着陆后需要盖着毯子、坐在椅子上被抬走？

## 差异化教学思路

支持：

- 使用可回收材料制作着陆舱模型。
- 在大厅或户外空间设置迷宫，让学生绕过"太空垃圾"障碍物。

挑战：

- 让学生用像右、左、上、下这样的方向性语言描述他们穿越迷宫的旅程。
- 让学生写一篇日记，描述他们返回地球的旅程。他们需要用到饱含情感的语言来表达他们离开太空的感受，以及回到地球后，他们迫切期待做什么。

**有笔记吗？**

**写在这里**

# 回家之旅

2016年6月18日，提姆乘坐的"联盟"号着陆舱安全地着陆在哈萨克斯坦的一片沙漠中。提姆被送到位于拜科努尔发射场，然后被转送到德国科隆，在那里他度过了返回地球后的第一个夜晚。你会在哪里着陆？在坚实的大地上还是海上？绘制一张从你的着陆点回家的路线地图。

# 活动 6.2：回家之旅

2016年6月18日，提姆乘坐的"联盟"号着陆舱安全地着陆在哈萨克斯坦的一片沙漠中。提姆被送到位于拜科努尔发射场，然后被转送到德国科隆，在那里他度过了返回地球后的第一个夜晚。你会在哪里着陆？在坚实的大地上还是海上？绘制一张从你的着陆点回家的路线地图。

2016 年 6 月 18 日星期六，搭载着提姆·匹克和他同事的"联盟"号着陆舱在哈萨克斯坦一个被称为哈萨克草原的半沙漠化地区着陆。这是一个广阔而无人居住的地区，所以它是航天器安全着陆的好地方。

着陆后，宇航员接受了初步的医疗检查，然后被送往拜科努尔航天发射场进行更深入的健康监测。提姆随后被送往德国科隆的航空航天中心，在那里度过了他返回地球后的第一个夜晚。

## 活动安排

本活动要求学生去思考，从国际空间站返回时，他们会选择在哪里着陆。首先向你的"太空学徒"展示提姆着陆的镜头。这段来自欧洲航天局的视频展示了他如何重返地球，救援人员如何帮助"联盟"号上的提姆，以确保他安然

无恙。详见如下链接：http：//www. esa.int/ esatv/Videos/2016/06/Soyuz_ TMA- 19M_landing

讨论为什么哈萨克大草原是"联盟"号着陆的好地方。要求学生考虑地形与安全。然后他们可以选择自己的着陆地点，画出他们想象中的回家之旅。

年龄较小的学生可以绘制概念性地图，说明他们如何回家，并考虑他们回家可能使用的交通方式。

可以与年龄较大的学生讨论比例尺和更高级的地理知识。

如果你的"太空学徒"们已经完成了活动 3.2 "绘制你的空间站"，建议学生可以在他们的回家路线图中包含一个图例。他们可能喜欢用不同的颜色或图案来表示不同类型的地形，例如山脉、沙漠或水体。

## 课堂提问

• 从哈萨克斯坦到你们学校的距离有多远？使用地图册测量距离。这是讨论比例尺的大好机会。

• 学生能说出为什么选择哈萨克斯坦作为着陆地点吗？

• 与学生讨论提姆飞往科隆会途经哪些国家，以及从飞机上看这些国家是什

### 所需资源

• 访问互联网

• 地图册

• A3 大小的纸

• 尺子

• 交互式白板（可选）

### 有用链接

浏览如下链接：discoverydiaries. org/thejourney-home/

可以访问、下载到有助于计划、安排课程的其他信息，如：解决方案、视频、关联课程和 PPT 演示文稿等。

么样子的。

- 是否存在飞机需要避开的地理特征，如山脉？（这就是所谓的地形）

- 如果飞机选择不同的路线，风景会有什么变化？

- 如果提姆在 12 月而不是 6 月着陆，地貌看起来会有什么不同吗？

## 差异化教学思路

**支持：**

- 年龄较小的同学可以通过绘制拜科努尔航天发射场的地图，在较小的比例尺上培养他们的地图制作技能。

- 为学生提供网格纸以方便他们绘图，并给他们时间去考虑距离和比例尺。

**挑战：**

- 让学生考虑不同路线和交通方式的影响。例如，空中旅行和陆地旅行的旅行时间会有什么不同？

- 以此活动为基础，让学生练习辩论的技巧。先分组并分配其中一半支持"陆地"，另一半支持"海洋"。然后，学生可以阐述为什么他们的着陆地点是更好的选择。

教学小贴士！

在学生开始规划回家的路线之前，允许他们使用地图 App 来探索可能的着陆点。

有笔记吗？

写在这里

# 寄往太空的明信片

真是个了不起的任务！你返回了地球，迫不及待地想和家人、朋友分享你的太空经历。但先给你在国际空间站的伙伴们写张明信片吧，让他们知道你已平安归来。

# 活动 6.3： 寄往太空的明信片

真是个了不起的任务！你返回了地球，迫不及待地想和家人、朋友分享你的太空经历。但先给你在国际空间站的伙伴们写张明信片吧，让他们知道你已平安归来。

## 背景知识

本活动中让学生假想自己是回到地球的宇航员，写一张明信片寄给国际空间站。学生将想象完成这样一项使命后随之而来的情感和感受。如果他们是新近回到地球的宇航员，他们会有什么感受？ 他们会告诉在国际空间站上的宇航员伙伴们哪些事情呢？

## 活动安排

与学生分享明信片的例子。讨论明信片的用途（如，告知或把最新的情况分享给对方）。询问学生是否曾寄出或收到过节日明信片。

简单说明适合你班级的学习目标和成功标准（参见差异化教学思路）。

使用日记、访谈和宇航员们所写的书作为写作的主线。

克里斯·哈德菲尔德 (Chris Hadfield) 的《宇航员的生活指南》就是一本很好的课堂读物。

如下剪辑重温了提姆在太空的时光：http：//www.esa.int/spaceinvideos/ Videos/2016/06/Tim_Peake_ mission_wrap_up

提姆返回地球，后对他进行的完整的专访可以在如下连接中看到 http：//www.esa.int/spaceinvideos/ Videos/2016/06/Tim_Peake_mission_ wrap_up and a full interview with Tim follow his return to Earth is available at：http：//www.esa.int/spacein-videos/Videos/2016/06/Tim_s_first_ news_conference_back_on_Earth

## 课堂提问

- 提姆在太空时，地球上可能发生了哪些变化？在家里、本地或更广的范围又会有哪些不同？

- 你会怀念哪些在太空的经历呢？

- 回来之后，你会从新的角度去看待哪些事情呢？

- 你对诸如食物、睡眠、看问题的观点、工作模式等会有什么变化呢？

## 所需资源

- 写作素材
- 互联网
- 交互式白板（可选）

## 有用链接

浏览如下链接 discoverydiaries.org/ send-a- postcard-to-space/

可以访问、下载到有助于计划、安排课程的其他信息，如：解决方案、视频、关联课程和 PPT 演示文稿等。

## 差异化教学思路

**支持：**

- 全班一起头脑风暴，用语言描述从太空返回地球的经历。在他们完成本活动时，学生可以借鉴哪些句子。

- 活动开始之前先复习标点符号，以便正确使用语法。

**支持：**

- 让学生在明信片中使用形容词、名词短语、前置状语等。

- 为进一步提高对学生要求，让学生写三种不同版本的明信片，分别实现三种特定目的：说服、告知和搞笑。

教学小贴士！

剪裁白色硬纸板，来制成空白明信片。学生可以在一面画图案另一面写留言。

**有笔记吗？**
**写在这里**

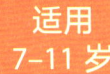

# 跟随《火星日记》一起，探索红色星球！

**火星日记**

著者：[英]露西·霍金

译者：何一杭

使用手册

贴上你的英雄！

> "学生都很喜欢这门课。课程中的互动元素让他们们从一开始就十分投入。课程的时间安排也十分高效、内容灵活，能够兼顾能力优秀和基础较差的孩子，以合适自己的速度取得进步。"

这本受欢迎的《原理号太空日记》续集允许学生发挥自己的创造力去部署火星登陆任务，并探索火星表面，建立火星栖息地。学生通过基于视觉艺术的学习来探索广泛的 STEM 学科，与此同时也学习如何成为一名了不起的科学家。

## www.discoverydiaries.org/mars-diary

# 更多《太空日记》系列图书

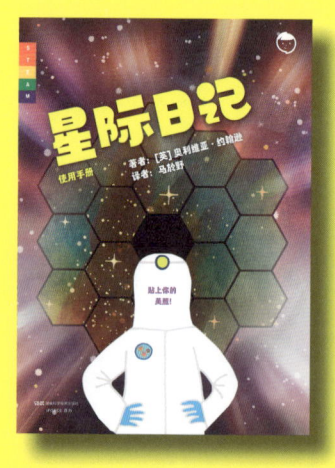

## 激励每个学生像科学家一样思考！

图书在版编目（ＣＩＰ）数据

原理号日记：指导用书 /（英）露西· 霍金著；谭莫衡译.—长沙: 湖南科学技术出版社, 2025.3
（太空日记）
ISBN 978-7-5710-2788-9

Ⅰ．①原… Ⅱ．①露… ②谭… Ⅲ．①科学知识—小学—教学参考资料 Ⅳ．①G623.63

中国国家版本馆 CIP 数据核字(2024)第 058853 号

湖南科学技术出版社获得本书中文简体版出版发行权。
著作权合同登记号：18-2024-106

YUANLI HAO RIJI: ZHIDAO YONGSHU
原理号日记：指导用书
著　　者：[英]露西·霍金
译　　者：谭莫衡
出 版 人：潘晓山
责任编辑：王梦娜 李 蓓 孙桂均
营销支持：周　洋
出版发行：湖南科学技术出版社
社　　址：长沙市芙蓉中路 416 号
网　　址：http://www.hnstp.com
湖南科学技术出版社天猫旗舰店网址：
　　　　　http://hnkjcbs.tmall.com
邮购联系：本社直销科 0731-84375808
印　　刷：长沙玛雅印务有限公司
厂　　址：长沙市雨花区环保中路 188 号国际企业中心 1 栋 C 座 204
邮　　编：410000
版　　次：2025 年 3 月第 1 版
印　　次：2025 年 3 月第 1 次印刷
开　　本：880 mm*1230 mm　1/16
印　　张：7.75
字　　数：188 千字
书　　号：ISBN 978-7-5710-2788-9
定　　价：65.00 元